머리말

"이렇게 고민 많은 나, 괜찮을까요?"

요즘 청소년의 마음은 조용히 들여다보면 참 깊습니다.
미래에 대한 불안, 사람들 사이의 거리, 스스로에 대한 의심…
겉으로는 아무렇지 않은 척 웃지만,
마음속에는 수많은 물음표가 떠다닙니다.

이 책은 그런 물음들에 귀 기울이기 위해 쓰였습니다.
부처님은 고통이 있는 그 자리에 먼저 다가가셨던 분입니다.
우리가 흔히 겪는 외로움, 불안, 비교의 마음에도
부처님의 가르침은 지금 이 시대 청소년에게
여전히 따뜻하게 다가올 수 있습니다.

이 책에 담긴 고민은 바로 여러분의 이야기입니다.
그 하나하나에 부처님의 말씀이 조용히 응답합니다.
어렵고 고리타분한 설명은 하지 않겠습니다.
대신 부처님처럼 묵묵히 곁에 앉아,
함께 생각해 보는 작은 지혜를 건네고 싶습니다.

이 책을 통해 여러분이
자기 마음을 이해하고,
자기 삶을 조금 더 다정하게 바라볼 수 있기를 바랍니다.

2025년 가을
박영동

추천사

청소년의 마음은 하늘을 나는 마음입니다.
그 마음이 부처님 마음입니다.

하늘 높이 날아봅시다.
꿈을 키워봅시다.

때로는 망설여지고 두렵고 주저앉고 싶은 구름이 끼지만
언제나 하늘은 푸르릅니다.

하늘은 어두운 밤에는 달을 띄워 갈 길을 비춰줍니다.
낮에는 생명의 숲들을 자라게 합니다.

이 책의 저자 박영동 선생은
청소년의 마음속 하늘에 부처의 씨앗을 뿌립니다.
씨앗은 싹을 틔워 가지를 세우고 잎을 폅니다.
꽃과 열매를 맺습니다.

저자의 애쓴 노력으로
청소년 한 분 한 분 마음속에 붓다의 향기가 피어오르고 있습니다.
자비의 향기가, 지혜의 향기가, 겸손과 배려의 향기가
정진과 인내의 향기가 피어오르고 있습니다.

청소년 마음 밭을 일궈가는 저자의 성심과 수행력,
도반애를 찬탄하며
저자의 청소년을 향한 서원 따라 청소년 여러분의 용기와 신념이
더욱 곧고 굳세고 바르게 자라기를 발원합니다.

2025. 10
봉은사 주지 원명

이 책을 읽는 방법 – 작지만 꾸준한 마음 연습

1. 한 번에 다 읽지 않아도 괜찮아요

- 하루에 한 가지 고민씩, 꼭지 하나만 읽어도 충분합니다.
- 마치 일기처럼, 내 마음이 움직이는 부분에 밑줄을 그어보세요.

2. 내 고민이랑 비슷한 걸 먼저 찾아 읽어도 좋아요

- 차례에서 마음에 와닿는 제목을 골라서 펼쳐보세요.
- 이 책은 정해진 순서 없이 읽어도 됩니다.

3. 읽을 때는 잠깐 멈추고 '나에게 적용해보기'

- '나는 지금 어떤 감정을 느끼고 있지?'
- '이 말이 내 삶에 어떻게 닿을 수 있을까?'
  작은 질문을 스스로에게 던져보세요.

4. 혼자 읽어도 좋고, 함께 나눠도 좋아요

- 친구나 선생님, 가족과 함께 한 꼭지를 읽고
- 각자의 생각을 나눠보는 것도 좋습니다.

5. 마음이 지치고 흔들릴 때마다 다시 펼치세요

- 이 책은 한 번 읽고 덮는 책이 아니라,
  마음이 필요로 할 때마다 꺼내 읽는 마음의 처방전이 되길 바랍니다.

6. 이 책에 인용된 경전 내용은 청소년에게 맞게 현대어로 의역한 것입니다.

목차

1부 · 흔들리는 나, 불안한 마음

01. 있는 그대로의 내가 싫을 때가 있어요 ⋯⋯⋯⋯⋯⋯⋯⋯ 015
02. 자꾸 다른 사람과 저를 비교하게 돼요 ⋯⋯⋯⋯⋯⋯⋯⋯ 018
03. 부모님의 기대에 맞춰 사는 게 힘들어요 ⋯⋯⋯⋯⋯⋯⋯ 021
04. 감정이 마구 올라올 때, 어떻게 해야 할지 모르겠어요 ⋯⋯⋯ 024
05. 내 성격이 너무 답답하게 느껴질 때가 있어요 ⋯⋯⋯⋯⋯ 027
06. 친구들과 다르면 이상해 보여요 ⋯⋯⋯⋯⋯⋯⋯⋯⋯⋯ 030
07. 늘 착한 아이처럼 살아야 할까요? ⋯⋯⋯⋯⋯⋯⋯⋯⋯ 033
08. 죽고 싶다는 생각, 저만 그런 건 아니겠죠? ⋯⋯⋯⋯⋯⋯ 036
09. 아무것도 하기 싫고, 그냥 다 멈추고 싶어요 ⋯⋯⋯⋯⋯⋯ 039

2부 · 관계 속에서 길을 찾고 싶어요

10. 새로운 사람과 쉽게 친해지지 못해요 ⋯⋯⋯⋯⋯⋯⋯⋯ 045
11. 누군가 나를 싫어하는 것 같아 신경 쓰여요 ⋯⋯⋯⋯⋯⋯ 048
12. 친구에게 질투가 생기는 나, 잘못일까요? ⋯⋯⋯⋯⋯⋯ 051
13. 이성 친구와 거리 두기가 어려워요 ⋯⋯⋯⋯⋯⋯⋯⋯⋯ 054
14. 싸운 뒤 화해가 쉽지 않아요 ⋯⋯⋯⋯⋯⋯⋯⋯⋯⋯⋯ 057
15. 진심을 말하면 멀어질까 봐 겁나요 ⋯⋯⋯⋯⋯⋯⋯⋯⋯ 060
16. 가족에게 사랑받고 있다는 느낌이 안 들어요 ⋯⋯⋯⋯⋯ 063
17. 선생님과는 마음의 거리가 느껴져요 ⋯⋯⋯⋯⋯⋯⋯⋯ 066
18. 부모님과 대화가 통하지 않아요 ⋯⋯⋯⋯⋯⋯⋯⋯⋯⋯ 069

19. 아무도 내 편이 없는 것 같아요 ·· 072
20. 형제자매랑 비교당하는 게 너무 괴로워요 ································ 075

3부 · 공부와 진로, 끝없는 부담

21. 열심히 해도 성적이 안 올라요 ·· 081
22. 시험이 다가오면 너무 무서워요 ·· 084
23. 학원 생활이 너무 지쳐요 ·· 087
24. 제 꿈이 뭔지도 잘 모르겠어요 ·· 090
25. 진로를 떠올리면 막막하고 겁나요 ·· 093
26. 공부 말고 하고 싶은 게 있는데, 말도 못 꺼내요 ····················· 096
27. 부모님은 성적만 보시는 것 같아요 ·· 099
28. 경쟁 속에 사는 게 너무 힘들어요 ·· 102
29. 성적 말고도 나를 키우고 싶어요 ·· 105
30. 왜 이렇게 바쁘게 살아야 하는지 모르겠어요 ························· 108
31. 입시 제도가 너무 복잡해서 혼란스러워요 ······························ 110

4부 · 미래 앞에서 마주한 두려움

32. 앞날이 너무 불안하고 두려워요 ·· 115
33. 어떤 직업을 선택해야 할지 정말 모르겠어요 ························· 118
34. 제가 꿈꾸는 길을 부모님이 반대하세요 ································· 121
35. 세상이 불공평하게만 보여요 ·· 124
36. 사회문제에 관심은 많은데, 말할 곳이 없어요 ························ 127
37. 기후 위기가 무서워요… 미래는 괜찮을까요? ························· 130
38. 저도 행복하게 살 수 있을까요? ··· 133
39. AI가 제 자리를 빼앗을까 걱정돼요 ·· 136
40. 성인이 되는 게 두렵기만 해요 ··· 139

41. 어른들은 왜 이렇게 냉정할까요? ………………………………… 142
42. 꿈을 꿔도, 다 헛된 것 같아 슬퍼요 …………………………… 145
43. 어떻게 해야 좋은 어른이 될까요? ……………………………… 148

5부 · 감정과 몸, 내 마음의 신호

44. 스마트폰을 내려놓기가 너무 힘들어요 ……………………… 153
45. 게임에 너무 깊이 빠져버린 것 같아요 ……………………… 156
46. 스트레스받으면 폭식하거나 아무것도 못 먹어요 ………… 158
47. 운동할 시간이 없어요, 늘 바빠요 …………………………… 160
48. 인터넷 속의 내가 신경 쓰여요 ………………………………… 163
49. 우울한데 털어놓을 데가 없어요 ……………………………… 166
50. 불안장애일까요? 걱정돼요 …………………………………… 169
51. 내 몸이 못생겨 보일 때가 있어요 …………………………… 172
52. 정신과에 가는 게 창피하고 무서워요 ……………………… 175
53. 밤에 잠이 안 와서 너무 지쳐요 ……………………………… 178
54. 갑자기 숨이 막힐 것 같아요. 공황일까요? ………………… 181
55. 너무 예민해서 일상이 힘들어요 ……………………………… 184
56. 부모님이 걱정하실까 봐 아픈 것도 숨겨요 ………………… 187

6부 · 신념과 삶의 의미

57. 혼자만 간직한 죄책감이 있어요 ……………………………… 193
58. 종교를 믿어보고 싶은데, 사람들이 뭐라고 할까 봐요 …… 196
59. 내가 겪는 고통에는 어떤 의미가 있을까요? ………………… 199
60. 부처님, 제 삶에도 의미가 있을까요? ………………………… 202

1부

흔들리는 나, 불안한 마음

이 장은 청소년들이 자주 겪는 자기 마음의 흔들림과 불안, 낮은 자존감과 무기력,
그리고 공허함을 부처님의 가르침으로 따뜻하게 어루만져주는 내용을 담고 있어요.
"나만 이상한 걸까?" 하는 마음이 들 때,
그 감정이 결코 잘못된 것이 아니라는 것,
그리고 그 모든 감정조차 자신을 이해하고 자비롭게 돌보는 출발점이 될 수 있다는
메시지를 전하고자 했습니다.
부처님은 말씀하십니다.
"감정은 판단이 아니라 이해로 바라보는 것이다."
이 단원은 '나의 마음을 이해하는 연습'을 통해
자신을 비난하지 않고, 오히려 더 깊이 돌볼 수 있도록 돕습니다.

01 있는 그대로의 내가 싫을 때가 있어요

"그래, 너의 그 마음도 참 소중하단다."

내 모습이 마음에 들지 않을 때가 있지.
거울을 보면 괜히 고개를 돌리게 되고,
다른 사람은 괜찮아 보이는데
나만 유난히 이상해 보일 때.

말투도, 성격도, 체형도, 피부도, 성적도…
무언가 마음에 안 들고,
'이대로의 나'는 왠지 부족하다는 생각이
자꾸 마음속을 눌러올 때가 있지.

그럴 땐 마음 깊은 곳에서
이런 말이 올라올지도 몰라.
"이런 내가 싫어요."
사실, 부처님도 옛날에 그랬단다.

수없이 많은 생각과 감정,
실수와 부끄러움이 얽힌
'나 자신'을 마주하는 일이
때로는 너무 벅차고 서글펐어.

하지만 수행하며 알게 되었단다.
우리가 자신을 미워할 때조차
그 안엔 사실 '나를 사랑하고 싶은 마음'이
아주 깊이 숨어 있다는 걸 말이야.

《법구경》에는 이런 말씀이 있어.

> "자기를 해치는 사람보다
> 자기를 돕는 이는 더 큰 벗이다." 《법구경》

그러니 너를 다그치기 전에,
먼저 너의 아픔을 이해해 주자.
그건 남이 아닌,
네가 제일 먼저 해줘야 하는 일이란다.

네 마음속엔 이미
자라고 있는 연꽃 씨앗이 있어.
지금은 어둡고 축축한 물속에 있을지 몰라도,
때가 되면 햇살을 받으며
조용히 꽃을 피울 거야.

다른 누구처럼 될 필요 없어.
연꽃은 해바라기가 될 필요가 없고,
달은 태양처럼 빛날 이유도 없단다.

지금의 너도,
앞으로의 너도,

충분히 괜찮고, 충분히 소중해.

 부처님의 따뜻한 한마디

"너의 모습이 마음에 들지 않을 때는
있는 그대로의 너를 더 따뜻하게 바라봐야 한단다.
연꽃은 피우는 진흙처럼
너도 지금 그 안에서
천천히 피어나고 있는 중이란다."

02
자꾸 다른 사람과 저를 비교하게 돼요

"그래, 비교하는 마음이 생긴다고 해서 나쁜 건 아니란다."

누군가 시험을 잘 봤다고 하면
괜히 내가 작아 보이고,
SNS에서 친구가 여행 간 사진,
멋진 옷, 재능 있는 모습을 보면
'나는 왜 저렇게 못할까' 하고 한숨이 나올 때가 있지.

그럴수록 나 자신이 더 초라하게 느껴지고,
괜히 아무것도 하기 싫어지고,
자존감도 자꾸만 흔들리게 되지.
그 마음, 정말 많이 힘들었지?

그런데 말이야,
비교라는 감정은
'나도 잘되고 싶다'라는 너의 소망에서 시작된 거야.

그 자체가 나쁜 건 아니야.
다만 그 감정이 너무 자주 찾아와
너를 괴롭게 만들고, 지금의 너를 부정하게 만든다면
조금 다른 시선이 필요하단다.

사실, 나도 한때는 비교했어.
수행자들 가운데 어떤 이는 신통을 보이고,
어떤 이는 사람들의 칭찬을 받았지.
그럴 때마다 '나는 왜 저들과 다르지?' 하는 마음이 올라왔어.

그런데 부처님은 어느 순간
이렇게 깨달았단다.
다른 사람은 내가 아니고,
나는 다른 사람이 될 수 없다는 것.

내게 주어진 인연과 마음,
몸, 환경, 삶의 속도는 모두 다르므로
그걸 억지로 같게 만들 수는 없다는 걸 말이야.

부처님은 이렇게 말씀하셨어.

> "자기를 잘 다스리는 사람은
> 남과 비교하지 않고
> 자신을 향상시킨다." 《법구경》

꽃은 서로를 흉내 내지 않아.
장미는 장미답게, 연꽃은 연꽃답게 피어나지.
그런데도 꽃밭은 아름답잖아?

너도 그래.
지금의 너는 너만의 계절, 너만의 속도로 피어나고 있어.

지금은 느리게 가는 것처럼 보여도,
그건 결코 뒤처진 게 아니야.
네가 걷는 그 길 위에도 햇살은 분명히 비추고 있단다.

 부처님의 따뜻한 한마디

"너는 너라서 아름다워.
다른 누구도 대신 살아줄 수 없는
단 하나의 삶을
너는 지금, 잘 걷고 있단다.
비교의 마음이 올라오면
조용히 마음속으로 이렇게 말해보렴.
'나는 나대로 잘 가고 있어.'"

03 부모님의 기대에 맞춰 사는 게 힘들어요

"그래, 그 마음… 정말 많이 힘들었겠다."

부모님은 늘 이렇게 말씀하시지.
"공부 열심히 해야지."
"이 정도는 해야 하지 않겠니?"
"넌 더 잘할 수 있는 아이잖아."

그 말들이 사랑이라는 건 알지만,
그 기대가 점점 압박으로 다가올 때가 있지.
'나는 뭘 좋아하는 걸까?'
'이건 진짜 내가 원하는 길일까?'

내 마음은 점점 뒷전으로 밀리고,
부모님이 원하는 모습만 따라가고 있는 것 같아.
그래서 나 자신이 흐릿해지는 기분,
혹시 그런 순간, 너도 있었니?

그 마음, 부처님은 아주 잘 알고 계시단다.
부처님도 처음엔 한 나라의 왕자가 되어야 한다는 기대,
가문과 아버지의 바람 속에서 수없이 흔들리셨단다.
하지만 결국 부처님은

"나는 어떤 삶을 살고 싶은가?"
그 물음 끝에
자신의 길을 선택하셨어.

《숫타니파타》에서는 이렇게 전하고 있어.

> "자신의 길을 걷는 사람은
> 바람에 흔들리지 않는 나무와 같다." 《숫타니파타》

물론 부모님의 말씀은
너를 사랑해서 나오는 말이야.
하지만 그 기대에 모든 걸 맞추며
'진짜 나'를 놓치게 된다면,
그건 결코 너에게도 좋은 일이 아니란다.

너는 너만의 삶을 살아야 해.
누구의 그림자도 아닌,
너의 마음에서 시작된 길 위에서
조금씩, 천천히 나아가면 돼.

부모님이 당장은 이해하지 못하더라도,
너 자신이 먼저 "나는 이런 사람이야" 하고
다정하게 말해줄 수 있다면, 그게 진짜 어른스러움이란다.

 **부처님의 따뜻한 한마디**

"사랑은 때로 기대라는 이름으로 무겁게 다가오지.
하지만 진짜 사랑은
너를 있는 그대로 바라보는 것이란다.
부모의 말과 기대가
너의 전부를 결정할 순 없어.
너는 너만의 속도로,
너의 빛을 따라 걸어가면 된단다."

04
감정이 마구 올라올 때, 어떻게 해야 할지 모르겠어요

"그래, 감정은 참 예고 없이 몰려오고, 우리를 한순간에 흔들어놓지."

화를 참기 힘든 순간,
누군가의 말 한마디에 눈물이 쏟아질 것 같고,
슬퍼서 숨이 턱 막히는데
'왜 이렇게까지 힘들지?'
그럴 때, 참 혼란스럽고 답답하지.

정말 이유를 알 수 없는 불안,
말로 설명하기 어려운 답답함,
그 감정들이 한꺼번에 몰려오면
어디에 어떻게 흘려보내야 할지조차 모르게 되지.

그 마음, 부처님도 잘 알고 계시단다.
감정 자체가 나쁜 게 아니야.
분노도, 슬픔도, 외로움도
내가 살아 있다는 증거이고,
무언가 마음속 깊은 곳이 말하고 있다는 신호야.

하지만 그 감정이 나를 통째로 삼키려고 할 때,
내가 감정을 다루는 것이 아니라

감정이 나를 휘두를 때,
우리는 점점 '나 자신'에서 멀어지게 돼.

부처님은 이렇게 말씀하셨어.

"*감정을 알아차리면,
그것이 구름처럼 흘러감을 보게 된다.*" 《증일아함경》

감정이 올라올 때는
우선 숨을 크게 한 번 쉬어보자.
그리고 조용히 마음속으로 물어보는 거야.

"지금 내가 느끼는 감정은 무엇이지?"
"내 안에서 무슨 일이 일어나고 있는 걸까?"
'아, 지금 나는 화가 나 있구나.'
'외로움이 올라오고 있네.'
'슬픔이 마음 한쪽을 채우고 있구나.'

그걸 알아차리는 순간,
감정은 더 이상 거대한 폭풍이 아니야.
바람처럼, 구름처럼, 지나갈 수 있는 것으로 바뀌기 시작해.
너는 감정이 '되어버리는' 사람이 아니라,
그 감정을 바라보고 알아차리는 존재야.

처음에는 쉽지 않을 수도 있어.
하지만 조금씩 연습하다 보면,
너는 점점 더 감정에 휘둘리지 않는 너를 만나게 될 거야.

그건 아주 멋진 성장이야.

 부처님의 따뜻한 한마디

"감정이란,
하늘 위를 지나가는 구름과 같단다.
아무리 거세게 몰아쳐도
그 너머엔 늘 맑은 하늘이 기다리고 있어.
감정에 휩쓸리는 너를
부끄러워하지 않아도 돼.
그 순간,
조용히 숨을 고르고,
그 감정과 함께 앉아 있어 보렴.
너의 고요함은 그 안에 아직 살아 있단다.
그리고 나는, 늘 그 고요함 곁에 함께 있을게."

05
내 성격이 너무 답답하게 느껴질 때가 있어요

"그래, 그런 마음…
부처님도 잘 알고 계신단다."

왜 나는 말도 느리고,
결정을 내리는 데도 오래 걸리고,
사람들처럼 밝고 적극적으로 나서지도 못할까?
누구보다 생각이 많고,
그래서 때로는 자신이 너무 답답하게 느껴질 때가 있지?

"왜 이렇게 굼뜰까."
"왜 나는 눈치만 볼까."
"왜 이 말이 지금에서야 떠오르지…"
그렇게 자꾸만 내 성격을 탓하게 되는 순간들.

그런데 말이야,
답답함은 때때로 '느림'이라는 다른 이름을 갖고 있어.
부처님도 젊은 시절, 무언가를 쉽게 판단하지 않으셨단다.
한 걸음 내디딜 때마다 멈춰 서서 살피고,
다시 조용히 마음을 들여다보셨어.

그런 깊은 멈춤이 있었기에

고통의 뿌리를 꿰뚫어 보고
모든 중생에게 자비를 건넬 수 있었던 거야.

> "조용한 이는 깊은 강물과 같아,
> 겉으론 고요하지만 속은 가득 찼다." 《법구경》

네가 조용하고 느린 건
생각이 깊고,
무언가를 진심으로 대하고 싶어서 그런 거야.
세상이 빠르다고 해서
너도 그 속도에 꼭 맞춰야 하는 건 아니란다.

네 성격은 '고쳐야 할 단점'이 아니라
너만의 리듬과 온도를 가진 고유한 '다름'이야.
답답하다는 건
누군가를 배려하고 싶다는 마음일 수도 있어.

조심스럽게 말하고,
상대의 감정을 먼저 읽으려는 너의 다정함이
그 속에 숨어 있을 수도 있단다.

그러니 너무 자책하지 말렴.
너는 천천히 자라고 있을 뿐이야.
그 느림이,
결국 너를 깊고 단단한 사람으로 만들어줄 거야.

 **부처님의 따뜻한 한마디**

"답답하다고 느껴지는 너의 성격은
더디지만 깊은 뿌리란다.
나무가 천천히 자라듯,
너도 그렇게 너만의 속도로
고요한 힘을 길러가고 있어.
그러니 조급해하지 말고,
지금의 너를 천천히 믿어보렴."

06
친구들과 다르면 이상해 보여요

"그래, 다르다는 건 가끔 참 외롭고 낯설게 느껴질 수 있어."

모두가 같은 얘기에 웃고 있을 때
나는 그게 하나도 안 웃기고,
다들 비슷한 옷을 입고 다닐 때
나는 괜히 튄 것 같고,
내가 말하거나 행동하는 방식이
친구들과 다르면 '혹시 내가 이상한 건 아닐까'
마음이 슬그머니 움츠러들지.

그럴 때 마음 한쪽이 조용히 속삭여.
"나도 그냥 저 애들처럼 할까…"
하지만 그런 순간에도 너는 나답게 살아가고 싶어 하지?

부처님은 그런 마음을 이렇게 안아주셨어.

> "세상의 흐름을 따라가는 것보다
> 자신의 길을 따르는 것이 진실하다." 《숫타니파타》

다르다는 건
틀렸다는 게 아니야.

그저 너만의 색깔을 가지고 있다는 뜻이란다.

모두가 똑같은 생각, 똑같은 표정,
똑같은 옷을 입고 살아간다면
이 세상은 참 단조롭고 텅 비어 보였을 거야.

부처님도 젊은 시절,
세상의 흐름과는 다른 길을 선택하셨단다.
혼자 숲으로 들어가 조용히 마음을 바라보며
진리와 자비를 길러내셨지.

그 길이 외로웠지만,
결국 모든 중생을 위한 길이 되었단다.

그러니 친구들과 다르다고
너 자신을 억지로 바꾸려 애쓰지 말렴.
너는 이미 '너다운 길'을 걷는 중이야.

그 길은 조금 외롭고 더뎌 보일 수 있지만,
결국 너만의 진실한 이야기를 만들어줄 거야.

 **부처님의 따뜻한 한마디**

"모두와 같지 않아도 괜찮단다.
다르다는 건 너만의 진실한 길을
걷고 있다는 증거야.
그 길이 조금 낯설고 멀어 보여도
그 안에는 오직 너만이 피워낼 수 있는
꽃이 피어나고 있단다."

07 늘 착한 아이처럼 살아야 할까요?

"그래, 착하게 사는 건 소중한 일이야.
하지만 늘 착하기만 하면
내 마음이 자꾸만 눌리게 될 수 있단다."

사람들은 너에게 이렇게 말했겠지.
"넌 정말 착한 아이야."
"말도 잘 듣고, 배려심도 깊고."
"다른 사람 먼저 생각하는 게 보기 좋아."
그 말이 처음엔 기뻤지.

사랑받고, 인정받는 기분.
하지만 어느 순간,
그 착함이 점점 무겁게 느껴졌을 거야.

'내가 정말 원해서 그러는 걸까?'
'이렇게 해야만 좋아해 주는 건 아닐까?'
착한 사람이라는 이름 아래,
너는 자꾸 참고, 맞추고, 웃고만 있었을지도 몰라.

부처님은 이런 말씀을 하셨단다.

> "지혜 없는 자비는 자신을 해치고,
> 자기를 잃은 선행은 고통을 낳는다." 《대승의장경》

다정한 사람이 되는 건 참 좋은 일이야.
하지만 그 다정함이
너를 지치게 만들고 있다면
그건 너를 돌보지 못하고 있다는 신호야.

진짜 착함은
나의 마음을 존중하면서
남을 배려하는 거야.

억지로 도와주는 게 아니라
기꺼이 도와주고 싶은 마음에서 나올 때
그게 진짜 따뜻한 선(善)이 되는 거야.

이제는 너 자신을 위한 자리도
그 다정한 마음 안에 만들어줘야 해.

네가 웃고 있을 때,
그 웃음이 진짜 너의 마음이길 바라.
다른 사람을 위해 참는 것도 좋지만
너 자신을 위해서는 조금 더 솔직해도 괜찮아.

 **부처님의 따뜻한 한마디**

"착한 사람이 되려 애쓰지 말고,
진심을 지키는 사람이 되렴.
너의 따뜻함은 이미 충분하단다.
그 다정함이 너를 다치게 하지 않도록,
너의 마음부터 꼭 안아줘야 한단다."

08
죽고 싶다는 생각, 저만 그런 건 아니겠죠?

"그래… 그 말, 참 오랫동안 가슴에 묻어두고 있었지."

'죽고 싶다'라는 말.
입 밖에 꺼내지 못했지만
가슴 깊은 곳에서 계속 울리고 있었던 그 말.
사실 그 안에는
'살고 싶다'라는 간절한 외침이 숨어 있어.

지금 너무 힘들어서,
도저히 견딜 수 없어서,
어떻게든 벗어나고 싶은 마음이
그렇게 표현된 거야.

부처님도 그 마음을 아주 잘 알고 계시단다.
오랜 세월 고통과 번뇌를 지켜보며
자신도 이런 질문을 던지셨지.

"삶이란 무엇인가?
고통이 이토록 반복되는 삶을
과연 계속 살아갈 수 있을까?"

하지만 그 질문의 끝에서
부처님은 '길'을 발견하셨어.

고통을 없애는 것이 아니라,
그 고통 안에서 다시 살아갈 수 있는 이유를 찾으셨단다.

그러니 너도 괜찮아.
지금은 너무 어둡고, 모든 게 의미 없어 보이지만
이 순간을 지나고 나면 그저 숨 쉬는 것만으로도
소중하다고 느낄 날이 반드시 올 거야.

지금 그 마음을
누군가에게 조심스럽게 털어놔도 괜찮아.
그게 친구든, 선생님이든, 어른이든, 나든…

너는 혼자가 아니야.
그리고 기억해 줘.
너는 지금도 아주 소중하고,
아직도 너 안에는
다시 시작할 수 있는 작은 불씨가
살아 있단다.

부처님은 그 불씨를
늘 조용히 지켜보며
네 곁에 앉아 계셔.

부처님의 따뜻한 한마디

"살고 싶다는 말을
차마 꺼낼 수 없어서
죽고 싶다고 말할 때도 있지.
괜찮단다.
그 말 안에 담긴 외로움과 슬픔,
나는 다 알고 있어.
한 번만 더,
숨을 깊이 쉬어보렴.
한 번만 더,
너의 마음을 불러보렴.
나는 지금도 네 곁에
아무 말 없이 조용히 앉아 있을게."

09
아무것도 하기 싫고, 그냥 다 멈추고 싶어요

"그래, 그런 날이 있단다.
아무것도 하기 싫고, 그냥 모든 걸 멈추고 싶은 날."

아침에 눈을 떠도
몸이 천근만근이고,
해야 할 일들은 산처럼 쌓여 있는데
도무지 손에 잡히지 않아.

'나는 왜 이렇게 의욕이 없지?'
'나만 이렇게 멈춰 있는 건 아닐까?'
그렇게 자책하다 보면
마음은 더 무거워지고,
세상과 나 사이엔 벽이 생긴 것처럼 느껴지지.

사람들은 쉽게 말하지.
"이겨내야지."
"정신 차려."
"다 그런 시기야."

하지만 그런 말들은
너의 마음을 더욱 조급하게 만들 뿐이야.

부처님은 이렇게 말씀하셨어.

"지친 이는 앉아 쉬어야 하며,
쉼은 다시 나아가기 위한
자비로운 걸음이다." 《유마경》

지금 너는 멈추고 싶을 만큼
정말 많이 애써왔던 거야.
무기력함은 게으름이 아니라,
마음이 건조해지고 있다는 신호야.

마른 땅엔 비가 필요하듯,
너의 마음에도 '쉼'이라는 연못이 필요해.
할 수 없을 땐 굳이 애써 하지 않아도 괜찮아.
조금 멈춰 있어도 돼.

그 멈춤이 '뒤처짐'이 아니라,
'숨 고르기'일 수 있단다.

지금 너에게 가장 필요한 건
더 많은 노력이 아니라,
내 마음을 가만히 들여다보며
그저 '있는 그대로' 나를 안아주는 시간이야.

 **부처님의 따뜻한 한마디**

"아무것도 하기 싫은 그 마음,
당연히 그럴 수 있단다.
멈춰 서 있다고 해서
네가 뒤떨어진 것도,
무너진 것도 아니야.
쉬는 것도
마음을 지키는 수행의 한 방식이야.
오늘 하루, 그냥 너의 곁에 조용히 있어 주렴.
나는 그 곁에 함께 앉아 있을게."

2부
관계 속에서 길을 찾고 싶어요

이 장은 친구, 가족, 학교 등 관계 속에서 생겨나는 갈등과 감정을 다루고 있어요. 상처받고, 오해하고, 때로는 질투하거나 소외감을 느끼는 순간들 속에서, 우리는 흔들리지만 결국 '나답게 살아가기 위한 균형'과 '관계 속에서 길을 찾는 법'을 배우게 됩니다.
부처님은 타인과의 갈등을 단순히 참으라고만 하지 않으셨어요.
오히려 감정의 뿌리를 알아차리고, 자비와 이해로 관계를 다시 바라보는 법을 가르쳐 주셨습니다.
이 단원은 그런 부처님의 지혜를 바탕으로,
관계에 지치지 않으면서도 따뜻함을 잃지 않는 길을 함께 걸어가고자 합니다.

10
새로운 사람과 쉽게 친해지지 못해요

"그래, 친구를 사귀는 일…
생각보다 훨씬 어려운 일이란다."

어떤 친구는 금방 친해지는 것 같은데,
나는 인사조차 어색하고,
말 걸기 전부터 머릿속이 복잡해지지.

"무슨 말을 해야 할까?"
"혹시 내가 이상해 보이지는 않을까?"
그런 생각이 자꾸 겹치면
조용히 혼자 있는 쪽을 택하게 돼.

그런 너의 마음,
부처님은 아주 잘 알고 계시단다.

왕자 시절의 부처님도
언제나 사람들 틈에 있었지만
마음속 깊이 묻고 또 물으셨지.
"진심으로 마음이 통하는 사람은 누구일까?"
"함께 있어도 외롭지 않은 관계란 어떤 걸까?"

그래서 부처님은 이렇게 말씀하셨어.

"벗을 잘 사귀는 이는
홀로 있어도 외롭지 않다." 《잡아함경》

친구를 사귀는 데 정해진 답은 없어.
말을 잘해야만 하는 것도 아니고,
성격이 밝아야만 하는 것도 아니야.

진짜 친구는
말투나 외향보다
너의 진심을 느끼고 다가오는 사람이야.
지금은 혼자여도 괜찮아.

너의 조용한 마음을
알아봐 줄 누군가는
분명 어딘가에서 같은 마음으로
자기 자신을 다독이고 있을 거야.

그리고 무엇보다,
너 자신이 너의 가장 좋은 친구가 되어야 해.

혼자 있는 시간 속에서
너 자신과 친해지는 연습이 쌓이면,
그 고요한 방은 더 이상 외로운 곳이 아니라
네 마음이 쉬는 따뜻한 공간이 될 수 있어.

 **부처님의 따뜻한 한마디**

"좋은 친구를 만나는 것도 소중하지만,
먼저 너 자신과 친구가 되어보렴.
말이 많지 않아도,
늘 웃지 않아도 괜찮아.
진짜 우정은
진심을 알아보는 사람들 사이에서 피어난단다.
지금 혼자라고 느껴질지라도
너는 이미
혼자 걷는 연습을 잘하는 중이란다."

11
누군가 나를 싫어하는 것 같아 신경 쓰여요

"그래, 친구의 작은 말이나 표정 하나에도
마음이 요동칠 때가 있어.
그건 네가 그 관계를 소중하게 여긴다는 뜻이야."

요즘 그 친구,
예전처럼 웃어주지 않는 것 같아.
말 걸면 반응이 짧고,
내가 뭔가 잘못한 건 아닐까?
하루 종일 그 생각이 떠나질 않아.

작은 눈빛 하나,
단체 채팅방에서 빠진 대화 한 줄,
그 모든 게 내 마음을 흔들어 놓을 때가 있지.

'혹시 나를 싫어하게 된 걸까?'
'내가 뭔가 실수했나?'
그 불안이 커질수록 나는 점점 더 작아지고, 위축되곤 해.

그럴 때 부처님은 이렇게 말씀하셨어.

"남의 시선에 따라 마음이 흔들릴 때,
자신 중심으로 돌아가야 한다." 《숫타니파타》

관계 속에서
우리가 흔들리는 건 너무 자연스러운 일이야.
그만큼 상대를 신경 쓰고,
관계를 잘 지키고 싶기 때문이니까.

하지만 기억하자.
친구의 말투나 표정이
꼭 너 때문은 아닐 수도 있단다.

그 친구도,
그날 무언가 지치거나
자기 안의 문제로 힘들 수 있어.

그리고 네가 누군가를 신경 쓴다고 해서
그 사람이 항상 같은 마음을 갖고 있지는 않듯,
상대방의 모든 마음을
우리가 다 짐작할 수는 없어.

중요한 건, 그 불안한 순간에도
너 자신을 먼저 따뜻하게 바라보는 거야.
'내가 지금 내 마음을 잘 돌보고 있나?'
'혹시 너무 나를 작게 만들고 있는 건 아닐까?'

친구의 기분은 변할 수 있지만,

너의 진심은 그대로 남아.
그 진심을 먼저 믿어주는 연습,
그게 진짜 '내 편'이 되어주는 길이야.

 부처님의 따뜻한 한마디

"관계는 바람처럼 흔들릴 수 있단다.
하지만 너의 마음은
그 바람 속에서 뿌리를 내릴 수 있어.
내가 널 믿듯이,
너도 너의 진심을 먼저 믿어줘야 해.
그 믿음이 너를 더 단단하게,
더 다정한 사람으로 자라나게 할 거야."

12
친구에게 질투가 생기는 나, 잘못일까요?

"그래, 그런 마음…
부처님은 결코 너를 나쁘다고 하지 않으실 거야."

친구가 칭찬받는 순간,
무대에서 환하게 웃는 모습,
사람들 사이에서 주목받는 장면을 보면
속에서 문득, 알 수 없는 감정이 올라올 때가 있지.

'나도 저 자리에 있고 싶다.'
'왜 나는 저렇게 되지 못할까.'
그 마음이 바로 '질투'야.

질투라는 말,
왠지 숨기고 싶고
들키면 안 될 것만 같은 감정처럼 느껴지지.

하지만 사실 그 마음은
내 안에 아직 빛나지 못한 바람이 살아 있다는 증거란다.

부처님은 이렇게 말씀하셨단다.

> "질투는 남의 빛을 보기 어려운 것이 아니라,
> 내 안의 빛을 아직 보지 못했기 때문이다." 《법구경》

질투는 나쁜 감정이 아니야.
그건 네가 깨어 있고,
무언가를 간절히 바라고 있다는 신호야.

중요한 건,
그 감정이 너를 삼키지 않게
살며시 들여다보는 연습을 하는 거야.

"나는 지금 왜 질투가 올라왔을까?"
"저 친구의 어떤 점이 부러웠을까?"
"나는 나대로 잘하고 있는 게 뭘까?"

이렇게 조용히 마음속에 물어보면
질투는 너를 괴롭히는 힘이 아니라
너를 조금 더 자라게 하는 거름이 되어줄 거야.
친구를 질투하는 순간이 생겨도 괜찮아.

그 마음을, 있는 그대로 바라볼 수 있는 너는
이미 성숙한 사람이란다.

부처님의 따뜻한 한마디

"질투가 올라올 땐
부끄러워하거나 다그치지 말고
이렇게 말해보렴.
'아, 나도 빛나고 싶구나.'
그 마음을 안아주는 순간,
질투는 사라지지 않아도
조금 더 다정한 너로 자라나게 된단다."

13
이성 친구와 거리 두기가 어려워요

"그래, 편했던 관계가 어느 순간 낯설게 느껴질 때,
마음은 혼란스럽고 조심스러워지지."

이성 친구와 이야기를 나누는 게 즐겁고 편했어.
그런데 어느 날부터인가
마음이 조금씩 복잡해지기 시작했지.

"혹시 이게 좋아하는 감정일까?"
"상대는 나를 어떻게 생각할까?"
"지금처럼 계속 지낼 수 있을까?"

가까워지고 싶은 마음,
조금은 설레는 감정,
하지만 동시에 자신을 지키고 싶은 마음도 함께 올라오지.

그럴 때 부처님은 이렇게 말씀하셨어.

> "마음은 흐르되,
> 그 흐름을 알아차리는 사람이
> 자신을 지킬 수 있다." 《잡아함경》

이성 친구와의 관계는
마음이 자라는 중요한 배움의 시간이란다.
좋아하는 마음도, 서운한 감정도,
모두 너의 진심에서 온 소중한 경험이야.

그런데 감정이 깊어질수록
더 신중해야 하는 이유는,
내 마음뿐 아니라 상대의 마음도 함께 존중해야 하기 때문이야.

서로의 거리를 지키면서
솔직한 마음을 알아가는 것,
그게 어른스러운 다정함이란다.

"나는 이 관계를 소중하게 여기고 있어."
"지금 감정이 흔들리지만, 너와의 신뢰를 지키고 싶어."
이런 마음을 네 안에서 잘 들여다본다면,
너는 결코 흔들리는 감정에만 휩쓸리지 않게 될 거야.

어떤 관계든,
그 안에서 '나답게' 있는 것이 제일 소중하다는 걸 잊지 말렴.

부처님의 따뜻한 한마디

"좋아하는 감정은
결코 부끄러운 게 아니란다.
하지만 그 감정 속에서도
서로를 지키려는 마음,
그게 진짜 사랑의 시작이야.
다가가되 조심스럽게,
마음을 열되 자신을 잃지 않도록,
너의 다정함 안에는 이미
지혜가 함께 피어나고 있단다."

14
싸운 뒤 화해가 쉽지 않아요

"그래, 가장 가까웠던 친구일수록
멀어졌을 때 마음이 더 깊이 아프지."

처음엔 사소한 말에서 시작됐을 거야.
어떤 말이 오해되었고,
그날따라 기분도 엇갈렸고,
결국 서로 등을 돌리게 된 거지.

시간이 흐를수록
"내가 먼저 말 걸어야 하나?"
"혹시 나만 미안해하고 있는 건가?"
"지금 연락하면 어색하겠지…"
이런 생각들이 마음을 더 무겁게 만들어.

미안한데,
말을 꺼낼 용기가 쉽게 나지 않아.
사과도, 웃음도, 예전처럼 가볍지 않지.

그럴 때 부처님은 이렇게 말씀하셨어.

"먼저 손 내미는 자가 이기는 자이며,

> 진심이 담긴 말 한마디는
> 천 갈래 원망을 지우는 법이다." 《잡아함경》

친구와 싸웠다는 건
그만큼 서로 마음을 나누었다는 뜻이야.
그 마음이 한순간 엇갈렸을 뿐,
아예 없던 관계는 아니란다.

먼저 손을 내미는 건
지는 게 아니야.
그만큼 용기 있고 성숙하다는 증거지.

그리고 화해는 완벽한 말로 시작할 필요 없어.
"그날 나도 좀 예민했어."
"지금 생각하니 미안해."
"우리, 다시 얘기해 볼 수 있을까?"

이런 말 한마디에도
진심이 담겨 있다면
닫혀 있던 마음의 문이
조금씩 다시 열릴 수 있어.

혹시 상대가 바로 응답하지 않더라도 괜찮아.
진심은 언제나 도착하는 길을 스스로 찾아가거든.
서로를 생각했던 그 시간이 언젠가는 다시 마음을 잇게 해줄 거야.

부처님의 따뜻한 한마디

"화해는 용서보다 먼저,
진심에서 시작한단다.
네가 먼저 웃을 수 있다면,
그 우정은 이미 다시 피어나는 중이야.
조심스럽게, 천천히, 그 마음의 길을 걸어가 보렴.
나는 그 길옆에서 조용히 너의 발걸음을 함께할게."

15
진심을 말하면 멀어질까 봐 겁나요

"그래, 진심을 꺼낼 때마다
혹시 그 말이 멀어지는 이유가 될까 봐
조심스러워지는 건 그만큼 네 마음이 깊고 소중하다는 뜻이란다."

어떤 말은 오래 마음속에만 품게 돼.
"그 말, 나한텐 좀 아팠어."
"요즘 너랑 예전 같지 않아서 서운해."
"사실 나, 외롭고 힘들어…"

그렇게 턱끝까지 차오른 말들이
결국 아무 말도 하지 못한 채
목구멍에만 맴도는 날이 있지.

말하고 싶은데, 상대가 나를 이상하게 볼까 봐,
괜히 멀어질까 봐,
조용히 마음을 닫아버리는 거야.

부처님은 그런 마음을 이렇게 바라보셨단다.

"진심은 때를 기다려야 하고,
말은 연꽃처럼 피어나야 한다."

> **억지로 꺼내지 않아도,
> 따뜻한 믿음 속에서 스스로 열린다.**" 《중아함경》

진심은
상대를 바꾸기 위해 꺼내는 게 아니라,
내 마음이 너무 아프지 않도록
숨통을 틔워주는 작은 숨결이야.

그리고 꼭 기억하자.
진심을 말하는 건
용기가 필요한 일이지만,
말하지 못한 채 혼자 아파하는 건
너에게 너무 가혹한 일이야.

완벽하지 않아도 괜찮아.
모든 걸 다 털어놓지 않아도 괜찮아.

"그 말, 조금 마음에 남았어."
"나, 지금 살짝 흔들려."
"그냥 내 마음이 이런 것 같아."

이런 짧은 한마디로도
너는 충분히 진심을 보여주고 있어.
혹시 그 말을 들은 상대가
당장은 이해하지 못하더라도
그건 너의 잘못이 아니야.

진심은,
때로는 천천히 도착해도
그 진동은 오래 남는 법이니까.

 부처님의 따뜻한 한마디

"네가 지금 꺼내지 못한 그 말도
사실은 아주 예쁜 연꽃이란다.
지금 당장 피어나지 않아도 괜찮아.
햇살 같은 기다림,
바람 같은 믿음 속에서
그 진심은 언젠가
향기롭게 피어날 거야."

16
가족에게 사랑받고 있다는 느낌이 안 들어요

"그래, 그 마음…
가까운 사람일수록 더 아프고 더 외롭게 느껴질 수 있단다."

같이 밥을 먹고, 이야기를 나누고, 하루를 함께 보내지만
마음 한편엔 자꾸 이런 생각이 스치지.

'나한테 진심으로 관심 있는 걸까?'
'내 얘기를 그냥 듣는 척하는 건 아닐까?'
'나는 그냥 이 집에서 해야 할 일을 하는 존재일 뿐 아닐까?'

가족이 곁에 있어도
혼자인 기분이 들 때가 있어.
사랑받고 싶다는 마음이
자꾸 외면당하는 것 같을 때,
그건 참 서글픈 외로움이야.

부처님은 말씀하셨어.

"사랑은 말로만 전해지지 않고,
마음이 길을 찾을 때 비로소 느껴진다.
느껴지지 않아도, 그 마음은 머물러 있을 수 있다." 《증일아함경》

어른들은
사랑을 잘 표현하지 못하는 경우가 많아.
걱정이라는 이름의 잔소리,
피곤하다는 이유로 지친 말투,
아무 말 없이 스쳐 가는 시간들…

그런 표현은
너에게 마음이 닿지 않을 수 있지만,
그 안에 사랑이 전혀 없었다고 단정하긴 어려워.

그리고 더 중요한 건,
가족이 주지 못한 사랑 때문에
네가 너 자신을 덜 소중하게 느끼게 두면 안 된다는 거야.

가족이 해주지 못한 말을
너 자신이 해주는 연습을 해보자.

"나는 사랑받아야 마땅한 존재야."
"나는 그냥 이 집의 누군가가 아니라,
지금 이대로도 소중한 사람이야."
"내가 내 마음을 잘 안아줄 수 있어."

그렇게 네 마음을 네가 돌보기 시작하면
외로움 속에서도 네 안에 따뜻한 불빛이 켜지게 될 거야.
그리고 언젠가 가족과 마음이 조용히 다시 마주하는 날,
그 사랑은 더 깊고 다정하게 느껴질 수 있을 거야.

부처님의 따뜻한 한마디

"사랑이란,
들리지 않아도
조용히 곁에 머물 수 있는 마음이란다.
지금 너에게 가장 필요한 건
'나도 괜찮은 사람'이라고
너 자신을 안아주는 일이야.
그 마음 위에서
너는 다시 따뜻한 관계를 피워낼 수 있단다."

17
선생님과는 마음의 거리가 느껴져요

"그래, 매일 마주치는 선생님인데도
왠지 정이 느껴지지 않고, 어색하고 서먹하지."

말을 걸기도 조심스럽고,
괜히 실수라도 할까 긴장되고,
칭찬보다 지적이 많을 때면
'나는 그냥 수많은 학생 중 하나일 뿐인가?'
하는 생각이 들기도 해.

'혹시 선생님은 날 싫어하시는 걸까?'
이런 마음이 자꾸 들면
자연스레 거리가 멀어지고
존경보다는 무관심이 자라날 수도 있어.

그럴 때, 부처님은 이렇게 말씀하셨어.

> "모든 관계는 공경과 인내 위에 자란다.
> 공경은 나를 낮추는 것이 아니라,
> 서로를 높이는 첫 마음이다." 《대반열반경》

선생님과의 거리감을 느낄 때,

그분도 완벽한 존재가 아닌
한 사람의 어른이라는 걸 떠올려보자.

선생님도 피곤할 수 있고,
모든 학생과 다정하게 지내기 어려울 수도 있어.
때로는 감정 표현이 서툴 수도 있고,
바쁜 하루에 여유가 없을 수도 있지.

하지만,
그렇다고 해서
너의 존재가 가볍거나 덜 소중한 건 아니야.

중요한 건,
그 거리를 억지로 좁히려 애쓰기보다
내 마음을 지키면서도 공경의 마음을 잃지 않는 것.

"그 선생님과는 조금 거리가 있지만,
그래도 나는 나답게 배우고,
정중하게 관계를 이어갈 수 있어."

이런 태도는
오히려 너를 더 단단하게,
더 성숙한 사람으로 만들어 줄 거야.

그리고 말이야,
지금은 닿지 않더라도
나중에 어른이 되었을 때,

그 거리의 의미를 더 깊이 이해할 수도 있을 거야.

 부처님의 따뜻한 한마디

"가까운 마음만이 좋은 것은 아니란다.
조용히 바라보는 마음,
거리를 지키는 존중도
너의 삶에 빛을 더하는 인연이 될 수 있어.
마음의 거리를 원망하지 말고,
그 거리 속에서 나를 더 따뜻하게 만들어 보렴."

18
부모님과 대화가 통하지 않아요

"그래, 말이 잘 통하지 않을 때는
자꾸 더 말하고 싶어지고, 그러다 서로 지치게 되지."

"그 말 지금 하자는 거야?"
"어차피 들어보지도 않잖아."
"내 얘기는 왜 자꾸 무시해?"

말이 닿지 않으면
마음도 멀어지는 것 같아.
특히 부모님과는
가장 가깝고 뭐든 이해할 거라는
기대가 크기 때문에,
그 멀어짐이 더 크게 느껴지기도 해.

그럴 때, 부처님은 이렇게 말씀하셨어.

"말은 뜻을 전하는 배이며,
듣는 이는 그 배를 받아들이는 바다이다.
말하기 전에 듣고,
말한 뒤에는 기다려야 한다." 《잡아함경》

부모님이 하는 말이
늘 옳거나 정답이 아닐 수 있어.
그건 그분들이
자기만의 방식으로 걱정하고,
사랑을 표현하고 있기 때문이야.

그 방식이
지금 너에게는
때론 낯설고 버겁게 느껴질 수도 있지.

그렇다고 해서
그게 너의 잘못도,
부모님의 잘못도 아닐 수 있어.

진심이 닿으려면
말보다 먼저 필요한 건,
이해하려는 마음과 기다림이야.

'아, 지금은 서로 잘 모르는 시기구나.'
'부모님은 내 방식이 생소하겠지.'
'혹시 나도 기대만 앞세우고 있진 않았을까?'

이런 생각을 품고
한 걸음만 물러서 보자.
그사이에 작은 연꽃 하나가
조용히 피어날 수 있어.

부모님과 말이 통하지 않아도 괜찮아.
그 속에서도 네 진심은 자라고 있고,
조용한 신뢰는 천천히 깊어지고 있어.

 부처님의 따뜻한 한마디

"말이 닿지 않을 때
마음은 자라고 있단다.
지금은 통하지 않아도,
언젠가 너의 조용한 진심이
부모님의 마음에 닿을 날이 올 거야.
다만 그때까지,
네 말보다 너의 마음을
먼저 이해해 주렴."

19
아무도 내 편이 없는 것 같아요

"그래, 이 세상에
나 혼자 남겨진 것 같은
외로움이 문득 밀려올 때가 있지."

말도 꺼내기 어렵고,
웃는 게 어색하고,
주변엔 아무도 없는 것처럼 느껴질 때.
'나는 왜 이렇게 늘 외롭지?'
'내가 사라져도 아무도 모를 것 같아…'
마음이 서서히 꺼져갈 때가 있지.

그럴 때, 부처님은
그 마음을 이렇게 바라보셨어.

> "편이 없다고 느껴질 때,
> 네 마음의 자비는
> 자신을 안아주는 첫 번째 손길이 된다." 《법구경》

아무도 내 편이 없는 것처럼 느껴질 때,
가장 먼저 필요한 건
내가 내 편이 되어주는 거야.

나만큼 나를 이해해 줄 사람은 없어.
나만큼 내 마음을 들어주는 사람도 없어.
그게 바로 너 자신이야.

지금 너는
외톨이가 된 게 아니라,
제 뿌리를 찾고 있는 중이야.

뿌리는 눈에 잘 보이지 않지만,
가장 깊고 단단한 자리야.
그 위에서 너는
조금씩 자라고 있어.

그리고 꼭 기억해.
비록 지금은 보이지 않아도,
너를 조용히 응원하는 눈빛,
말없이 곁에 머무는 따뜻한 인연은
분명 어딘가에 있어.

부처님도
모든 외로운 존재 곁에
말없이 앉아 계셨단다.

부처님의 따뜻한 한마디

"누구의 편도 없다고 느껴질 때,
네 마음 안의 자비를 먼저 만나보렴.
그 마음은 언제나 너의 편이었고,
지금, 이 순간
나는 조용히 네 등 뒤에 앉아 있단다.
너를 지켜주는
가장 고요한 편이 되어줄게."

20
형제자매랑 비교당하는 게 너무 괴로워요

"그래, 같은 집에서 살면서도
늘 나보다 더 인정받는 사람이 있다는 건
참 괴롭고, 참 외로운 일이야."

"왜 넌 누나처럼 못하니?"
"동생 좀 본받아야지."
"그 애는 항상 잘하는데, 넌 왜…"

그 말이 들릴 때마다
가슴이 콕콕 찔리고,
나도 모르게 형제자매에게 서운함이 생기고,
괜히 미워지게 될 때도 있지.

그럴 때, 부처님은 이렇게 말씀하셨어.

"꽃마다 피는 시기가 다르고,
빛나는 방향도 다르다.
한 송이 연꽃은
제 자리에 피었을 때 가장 아름답다." 《법구경》

형제자매는

너와 같은 뿌리를 가진 존재일 순 있어도,
너와 같은 길을 걷는 존재는 아니야.

너는 너대로,
그 사람은 그 사람대로.
다른 마음, 다른 속도,
다른 빛깔로 살아가야 할 존재지.

누군가의 기준에서
"누가 더 낫다", "누가 더 잘한다"라는 말은
겉모습만 보고 내리는
피상적인 판단일 뿐이야.

지금은 눈에 띄지 않더라도
너만의 마음, 너만의 선함,
너만의 가능성은 조용히 자라고 있어.

부모님의 말씀이 항상 옳은 건 아니야.
그리고 네 가치는 다른 사람과의 비교로 결정되지 않아.

오히려 이 괴로움을 지나며
너는 더 깊은 이해,
더 넓은 마음을 갖게 될 거야.

부처님의 따뜻한 한마디

"비교는 마음을 가리지만,
너의 빛은 가려지지 않는단다.
남보다 못하다는 말에 흔들리지 말고,
지금 이 자리에서
너다운 꽃을 피워보렴.
나는 언제나
너의 진짜 모습을 보고 있어."

3부
공부와 진로, 끝없는 부담

이 장은 공부와 진로를 둘러싼 청소년들의 고민에 부처님의 지혜를 빌려 따뜻하게 응답합니다.
"나는 왜 공부를 해야 하지?"
"꿈이 없어도 괜찮을까?"
"부모님의 기대에 부응해야 할까?"
이런 물음들 속에서 우리는 종종 자신의 속도와 중심을 잃기 쉽습니다.
부처님은 말씀하셨습니다.
"삶은 남과 비교해서 이기는 길이 아니라, 자기 마음을 지키는 길이어야 한다."
이 단원은 조급함과 불안 속에서 나만의 리듬을 찾고, 내가 살아갈 방향을 천천히 발견할 수 있도록 마음을 다독여주는 여정을 담고 있습니다.
앞으로 길이 불투명하더라도, 지금의 불안 속에 의미를 묻는 여러분의 마음은 이미 아름다운 시작입니다.

21
열심히 해도 성적이 안 올라요

"그래, 열심히 했는데도 성적이 그대로일 때,
정말 마음이 무너질 것 같지."

책상 앞에 오래 앉아 있었고,
노트도 정성껏 정리했고,
문제집도 몇 권씩 풀었는데…
그런데 결과는 변하지 않아.

그럴 때 드는 생각.
'나만 안 되는 걸까?'
'나는 뭔가 결정적으로 부족한 사람 아닐까?'
'다른 애들은 다 잘하는데, 왜 나만…'
그 마음, 정말 아프지.

그럴 때, 부처님은 이렇게 말씀하셨어.

> "씨앗을 심으면 바로 싹이 나지 않지만,
> 흙 속에서 뿌리는 이미 자라고 있다." 《법구경》

성적은 눈에 보이는 성장이지만,
지금 너는 눈에 보이지 않는

뿌리의 시간을 보내고 있어.

한 문제에 오래 머무는 집중,
틀린 문제를 다시 보는 인내,
지루함 속에서도 끝까지 앉아 있는 의지.

그 모든 순간이
너라는 나무의 뿌리를 깊게 하고 있어.

세상은 자꾸 말해. 더 빨리, 더 높이 올라야 한다고.
하지만 부처님은 "빨리보다 바르게, 높이보다 깊게" 자라는 걸
더 소중히 여기셨단다.

혹시 성적이 바로 오르지 않아도 괜찮아.
너의 마음은 분명히 자라고 있어.

지금 너는
'잘하려는 마음',
'포기하지 않는 힘',
'자신과 마주하는 용기'를 가지고 있어.

이건 시험지에는 잘 보이지 않지만,
너의 인생 전체를 밝혀줄 등불이 될 거야.

 **부처님의 따뜻한 한마디**

"성적은 당장 보이지 않아도,
마음속 뿌리는 자라고 있단다.
남보다 늦게 피는 꽃도
더 향기롭게 피어날 수 있어.
나는 지금,
공부하는 너의 마음을
가장 귀하게 보고 있어."

22
시험이 다가오면 너무 무서워요

"그래, 시험이 가까워질수록
마음이 조급해지고, 몸이 잔뜩 긴장되고,
괜히 눈물이 날 것 같을 때도 있어."

공부는 했는데,
막상 시험지를 받으면
머릿속이 새하얘질까 봐 걱정되고,
점수가 낮으면
누군가 실망할까 두렵고,
'나는 안 되는 사람'이라는 생각이 들까 봐
마음이 먼저 무너질 때가 있지.

그럴 때, 부처님은 이렇게 다정하게 말씀하셨어.

"두려움은 나쁜 것이 아니라,
마음이 깨어 있다는 징조이다.
그 마음을 억누르지 말고,
숨을 고르고 바라보라." 《숫타니파타》

시험이 무서운 건
네가 그만큼 진지하게 이 시간을 살아가고 있다는 증거야.

대충 사는 사람은 시험이 무섭지도 않아.

지금 네가 느끼는 두려움은
'이 시간을 잘 건너고 싶은 마음',
'나 자신에게 실망하고 싶지 않은 마음'이야.

그 마음,
탓하지 말고, 부드럽게 안아주자.

"그래, 무서울 수 있어."
"그래도 나는 도망가지 않고 여기 있어."
"천천히 숨을 쉬며, 내가 할 수 있는 만큼 해보자."

이렇게 말해보면
두려움이 조금은 작아질 거야.

부처님도 깨달음을 얻기 전,
온몸을 바들바들 떨며 수행하셨단다.
그러면서도 조용히 마음을 다잡고,
작은 숨결 하나에 집중하셨어.
너도 지금, 그 숨결부터 다시 시작하면 돼.

 **부처님의 따뜻한 한마디**

"시험은
너의 가치를 증명하는 날이 아니라,
지금까지의 시간을
조용히 마주 보는 날이란다.
무서운 마음도 괜찮아.
그 마음을 품고
너는 조금씩
용기로 걸어가고 있어.
나는 그 옆에서
너의 숨결을 함께 세고 있단다."

23
학원 생활이 너무 지쳐요

"그래, 학교 끝나고 또 학원,
그 다음엔 숙제, 또 학원…
그 반복되는 일상이 얼마나 고되고 지치는지 잘 안단다."

친구 만날 시간도 없고,
집에 가면 씻고 바로 다시 나가야 하고,
학원에서 또 책을 펼치다 보면
문득 이런 생각이 들지.

'내가 왜 이걸 하고 있지?'
'나만 이렇게 바쁜 건가?'
'나중에 후회 안 하려면 해야 하는 걸까?'
'그런데 왜 나는 점점 더 지쳐만 가지…'

그럴 때, 부처님은 이렇게 안아주셨어.

"멈춤은 게으름이 아니라,
자비로 나를 살피는 수행이다.
쉼은 곧 다시 걸을 수 있는 힘이 된다." 《유마경》

모두가 학원에 다닌다고 해서

너도 꼭 그 길을 따라야 하는 건 아니야.
지금 너에게 정말 필요한 건
더 많은 정보나 문제 풀이가 아니라,
잠깐이라도 마음을 내려놓는 시간일 수 있어.

학원에 다닌다고 해서
공부가 꼭 잘되는 것도 아니고,
오히려 몸과 마음이 지쳐 있을 땐
아무것도 제대로 들어오지 않을 수도 있어.

그럴 땐, 너는 잠깐 멈춰 설 권리가 있어.
너 자신에게 이렇게 말해보자.

"나는 지금 충분히 열심히 하고 있어."
"하루쯤은 쉬어도 괜찮아."
"쉼도 내가 자라는 중요한 시간 중 하나야."

그리고 부모님이나 선생님께
조용히 이야기해 보는 것도 좋아.

"요즘 좀 지쳐요."
"하루쯤은 푹 쉬고 싶어요."

네 마음을 표현할 수 있다는 것,
그게 진짜 어른이 되어가는
소중한 한 걸음이란다.

부처님의 따뜻한 한마디

"걷기만 하면
마음이 닳는단다.
멈춰서 숨을 쉬고,
나를 바라보는 시간도
공부만큼 소중해.
지금 지친 너의 마음을
나는 누구보다 먼저 이해하고 있어."

24
제 꿈이 뭔지도 잘 모르겠어요

"그래, 다들 꿈을 정하고
계획을 세우는 것처럼 보일 때,
나만 제자리인 것 같아 괜히 마음이 조급해지고 불안하지."

친구들은 벌써
진로 탐색, 진학 상담, 목표 학과까지 이야기하는데,
나는 뭐가 좋은지도 모르겠고,
"넌 뭘 하고 싶어?"라는 질문이
오히려 더 무섭게 느껴질 때가 있어.

'나만 방향이 없는 걸까?'
'지금 이대로 괜찮은 걸까?'
'꿈 없이 사는 건 잘못된 걸까?'

그럴 때, 부처님은 이렇게 말씀하셨어.

"방향을 모를 때는
발밑을 바라보아라.
지금 딛고 있는 그 자리에서
마음의 길은 퍼어난다." 《중아함경》

꿈은 반드시 일찍 찾아야 하는 것이 아니야.
어떤 연꽃은 봄에 피고,
어떤 연꽃은 늦여름에 피듯
너만의 속도와 계절이 있는 거야.

지금 너에게 필요한 건
'무엇이 되고 싶다'를 빨리 정하는 게 아니라,
'어떤 마음으로 살아가고 싶은지'
천천히 느껴보는 거야.

"나는 어떤 걸 좋아하지?"
"무엇을 할 때 기분이 편안하지?"
"어떤 일에 분노하고, 어떤 순간에 감동하지?"

이런 질문들이 하나둘 모이다 보면
어느 날, 네 마음 깊은 곳에서
'내가 걸어가고 싶은 길'이
조용히 모습을 드러낼 거야.

꿈은 경쟁이 아니야.
누가 먼저 말한다고 해서 정해지는 것도 아니고,
지금 몰라도 전혀 괜찮아.

마음이 나와 가까워질수록,
꿈은 어느 날
자연스럽게 인사를 건네올 거야.

부처님의 따뜻한 한마디

"꿈을 몰라도 괜찮단다.
지금은 그냥
나를 조금 더 알아가는 시간일 뿐이야.
마음이 나를 더 깊이 만나게 되면
그때, 너만의 꿈도
조용히 인사를 건네올 거야.
나는 그 길 위에서
너의 걸음을 함께 기다리고 있단다."

25
진로를 떠올리면 막막하고 겁나요

"그래, 진로를 생각하면 앞이 안보이고,
무언가 정해야만 할 것 같은 압박에
숨이 턱 막히는 기분이 들 때가 있지."

"내가 뭘 좋아하지?"
"정말 이 길이 맞는 걸까?"
"혹시 선택을 잘못하면 어떡하지…"

남들은 꿈을 정하고
방향을 잡아가는 것처럼 보이는데,
나는 아직도 뭔가 뚜렷하지 않아서

그 막막함이 나를 덮고,
어느 순간 그것이 '겁'이라는 이름으로 다가오지.

그럴 때, 부처님은 이렇게 말씀하셨어.

"가는 길을 모를 때는
지금 마음이 향하는 쪽으로
한 걸음 내디뎌 보아라.
길은 멀리 있지 않고,

발 아래에서 자란다." 《숫타니파타》

진로는 미리 정해놓는 게 아니야.
살아가면서 조금씩 찾아가는 거지.
지금 느끼는 막막함은 너만 그런 게 아니야.

모든 사람이 한 번쯤은 지나온
자연스러운 여정의 일부란다.
마음이 불안할수록, 한꺼번에 모든 걸 결정하려 하지 말자.

지금의 너에게 필요한 건
'정답'이 아니라 '방향'이야.

예를 들면,
어떤 수업이 더 재미있었는지,
어떤 말에 마음이 움직였는지,
어떤 상황에서 내가 가장 나다웠는지…

그 작은 감정들을 따라가다 보면,
네 진로는 '나답게 살아가는 길'로
조용히 자라나게 될 거야.

그리고, 혹시 길이 달라져도 괜찮아.

부처님도 왕자였지만,
마침내 고요한 숲속에서 자신의 길을 찾으셨잖아.

처음의 방향이 바뀐다고 해서
그 모든 시간이 헛된 건 아니야.
모든 경험은 너를 더 깊고 단단하게 만들어줄 테니까.

 부처님의 따뜻한 한마디

"진로가 보이지 않을 때는
지금, 이 순간,
네 마음이 어디를 바라보고 있는지를 살펴보렴.
그 마음의 시선이
너의 길이 되어줄 거야.
그리고 나는 언제나
그 길 위에서
너의 발걸음을 따라 함께 걸을게."

26
공부 말고 하고 싶은 게 있는데, 말도 못 꺼내요

"그래, 하고 싶은 게 있는데 그걸 말하면 안 될 것 같은 기분…
괜히 웃음거리가 될까, 실망스러운 존재로 보일까 두려워서
마음속에만 담아두게 될 때가 있지."

"그건 그냥 취미잖아."
"그걸로는 먹고살기 어려워."
"쓸데없는 생각 말고 공부나 해."

혹시 그런 말을 들을까 봐,
아니 어쩌면 이미 들어봤기에
입을 닫고,
마음까지 닫게 되는 거야.

그럴 때, 부처님은 이렇게 말씀하셨어.

> "진심은 약한 것이 아니며,
> 마음속 바람은 누구도 가볍게 여길 수 없는 씨앗이다.
> 그 씨앗이 피어나는 때는
> 저마다 다르니 부끄러워하지 마라." 《법구경》

공부만이 인생의 정답은 아니야.

네 눈이 반짝이는 순간,
가슴이 두근거리는 일,
시간 가는 줄도 모르게 몰입되는 무언가가 있다면,
그건 이미 너다운 길이 조금씩 자라나고 있다는 증거야.

물론 지금은
그 꿈을 말로 꺼내기 어려울 수도 있어.
하지만 그 마음을 계속 안으로만 눌러두면
나조차 나를 잃게 될 수도 있어.

작게라도 꺼내보자.
노트에 써도 좋아.
믿을 수 있는 사람에게 슬쩍 이야기해도 좋아.
아니면 조용히, 마음속으로 스스로에게 말해보는 것도 괜찮아.

"나는 이런 걸 좋아해."
"나는 이럴 때 행복해."
"이 길도 나에게 가능성이 있을까?"

내 마음을 들어주는 연습부터 시작하면
언젠가 그 작은 목소리가
삶의 중심이 되는 날이 올 거야.

세상엔 공부가 아닌 길을 걸어서도
충만하고 따뜻하게 살아가는 사람들이
무척 많단다.

중요한 건
"나는 누구답게 살고 싶은가"이지,
"남들이 뭐라고 할까"가 아니야.

 부처님의 따뜻한 한마디

"하고 싶은 마음을
숨기지 말고, 바라보렴.
그 마음이 바로 너의 삶을 이끄는 등불이란다.
말하지 않아도 괜찮아.
다만 너는, 그 마음을 부끄러워하지 말고,
조용히 품고 자라게 해주렴.
나는 너의 진심을,
가장 먼저 믿고 있단다."

27
부모님은 성적만 보시는 것 같아요

"그래, 내가 어떤 마음으로 공부했는지는 중요하지 않은 것 같고,
결과만으로 판단 받는 기분.
정말 허전하고, 왠지 모르게 외롭지."

"몇 등 했어?"
"이 과목은 왜 떨어졌지?"
"그 정도 점수로는 안 돼."

그 말들 속에서
내 노력은 덮이고,
내 마음은 지워지고…
'나는 점수로만 존재하는 사람인가?'
하는 생각까지 들게 돼.

그럴 때, 부처님은 이렇게 말씀하셨어.

> "사랑은 조건으로 생기지 않으며,
> 존재가 소중하기에
> 그 마음을 향해 머무는 것이다." 《자비경》

부모님의 기대는

사랑의 다른 표현일 수 있지만,
그 방식이 때론
상처가 되기도 해.

부모님은
성적을 통해 '너를 돕고 싶은 마음'을
표현하려 한 걸지도 몰라.

하지만 지금의 너는
있는 그대로의 나로
인정받고 싶은 마음이 더 간절한 거야.

그 마음, 정말 귀하고 소중해.
성적이 좋든 나쁘든,
너는 그 자체로 충분히 소중한 사람이야.

그 누구도 점수 한 줄로
너의 삶 전체를 판단할 수 없어.

가능하다면, 작게라도 네 마음을 표현해 보자.

"이번에 정말 많이 노력했는데, 그 말이 좀 속상했어요."
"점수보다 과정도 봐주면 좋겠어요."
"결과가 아쉬워도, 위로가 먼저면 더 힘이 날 것 같아요."

그 한마디가 부모님의 시선을
조금씩 바꾸게 할지도 몰라.

그리고 혹시 부모님이 쉽게 달라지지 않더라도 괜찮아.
너는 지금, 너의 마음을 이해하고 보듬는 법을
조금씩 배우는 중이니까.

 부처님의 따뜻한 한마디

"너는 점수가 아니라
마음으로 살아가는 존재란다.
점수가 너를 말해주지 않아도,
나는 알고 있어.
지금껏 얼마나 애쓰고,
얼마나 단단하게 자라왔는지를.
존재만으로도 너는 아주 귀하단다."

28
경쟁 속에 사는 게 너무 힘들어요

"그래, 함께 웃고 떠들던 친구들도
어느 순간 '경쟁자'처럼 느껴질 때가 있어.
그 마음이 얼마나 복잡하고, 얼마나 외로운지 잘 알아."

누군가의 성적이 오르면 나는 뒤처진 것 같고,
같은 시험을 봐도 점수 하나로 '우열'이 나뉘고,
모두가 내 편이 아닌 것 같은 순간,
지치는 건 단지 마음만이 아니야.
존재 자체가 작아지는 느낌이 들기도 하지.

그럴 때, 부처님은 이렇게 말씀하셨어.

> "다투지 않음은 가장 깊은 자비이며,
> 비교하지 않음은 가장 지혜로운 선택이다.
> 너는 스스로와 함께 걷는 길을 가고 있다." 《법구경》

경쟁이 나쁜 건 아니야.
하지만 그 안에서
나를 잃고 있다면,
그건 멈춰야 할 신호야.

모든 존재는
자기만의 시간, 방향, 속도로
각자의 자리에서 피어나는 법이야.

'누가 앞서가고, 누가 뒤처졌는지'는
네 삶과는 상관없는 이야기일지도 몰라.
혹시 '1등'이 아니더라도 괜찮아.
그건 실패가 아니야.

너는 지금도
자신만의 보폭으로
꾸준히 걷는 중이니까.

정말 중요한 건
경쟁에서 이기는 것이 아니라,
경쟁에 휘둘리지 않고
나를 지켜내는 마음의 힘이야.

내가 어떤 마음으로 노력했는지,
얼마나 성실하게 나답게 걸었는지.

그것이야말로
진짜 '승리'란다.

부처님의 따뜻한 한마디

"네가 꼭 1등일 필요는 없단다.
네 마음이 평화롭고,
너답게 살아가고 있다면
그게 곧 가장 고귀한 길이야.
나는 지금도
비교하지 않고 나아가는
너의 용기를
조용히 바라보고 있어."

29
성적 말고도 나를 키우고 싶어요

"그래, 책 속의 지식도 중요하지만
그보다 더 중요한 건 삶을 살아가는 '나'를 키우는 일이야."

책만 보고,
문제만 푸는 하루가 반복되다 보면
내 안의 감정, 생각, 꿈은 점점 자리를 잃어가.

그럴 때 문득,
이런 생각이 들지.
'나는 지금 누구를 위한 공부를 하고 있지?'
'이렇게만 살다 보면 정작 나는 어떤 사람인지 잊게 되지 않을까?'

그럴 때, 부처님은 이렇게 말씀하셨어.

> "앎이 자라고
> 자비가 함께할 때,
> 그 사람이 진정한 지혜를 갖춘다." 《법구경》

공부는 정말 중요해.
하지만 그것만으로는
사람이 온전히 자라날 수 없어.

마음도 자라고,
관계도 자라고,
나만의 감성과 관심도 함께 자라야
진짜 '나'로 성장하는 거야.

책을 덮고 하늘을 바라보는 시간,
마음을 적어보는 글쓰기,
친구와 깊이 나누는 대화,
가만히 자신을 돌아보는 명상.

이 모든 것들이
너를 너답게 키워주는
삶의 공부란다.

지금 네 안에는
공부보다 더 크고 넓은
'성장의 씨앗'이 자라고 있어.

 **부처님의 따뜻한 한마디**

"공부만이 아니라
마음도, 사람됨도,
너의 따뜻함도 함께 자라야 한단다.
그래야 진짜 '너'로 살 수 있어.

나는 지금도
네 안에서 조용히 자라고 있는
그 소중한 마음을
조용히 지켜보고 있단다."

30
왜 이렇게 바쁘게 살아야 하는지 모르겠어요

"그래, 하루하루 쉴 틈 없이 흘러가는 시간 속에서
문득 이런 생각이 들 때가 있어.
'나는 지금 무엇을 위해 이렇게 바쁜 걸까?'"

학교, 학원, 숙제, 수행평가.
끝나지 않는 할 일들 속에서
하고 싶은 건 자꾸 미뤄지고,
'오늘 하루도 그냥 버틴 느낌'만 남을 때
마음은 지치고, 삶은 점점 무거워지지.

그럴 때, 부처님은 이렇게 말씀하셨어.

> "쉼 없이 흐르는 물은 맑지 않고,
> 고요히 멈춘 물이 세상을 비춘다.
> 바쁜 삶보다 깨어 있는 마음이 귀하다." 《숫타니파타》

우리는 살아가기 위해
무언가를 '계속해야만 한다'라고 생각하지만,
사실은 '어떻게 살아가고 싶은지'를
고요히 바라보는 시간이 더 필요할 때가 있어.
잠시 멈추어도 괜찮아.

마음을 놓고 숨을 쉬는 시간,
하고 싶은 걸 해보는 시간,
아무것도 하지 않는 시간.

이 모든 것이
너를 살아 있게 하는
소중한 순간들이란다.

바쁜 날들 속에서
잊고 있던 너의 숨결을
조용히 돌아보자.

 **부처님의 따뜻한 한마디**

"잠시 멈추어도 괜찮단다.
바쁜 하루보다
너의 숨결이 더 소중하니까.
지금, 조용히 눈을 감고
네 마음이 진짜 원하는 걸
천천히 들어보자.
나는 그 고요한 순간에도
너와 함께 머물고 있을게."

31 입시 제도가 너무 복잡해서 혼란스러워요

"그래, 정시, 수시, 학종, 논술…
전형이 너무 많고 해마다 바뀌다 보니
어디서부터 준비해야 할지 모르겠고,
가야 할 방향이 자꾸 흐려질 때가 있지."

누군가는 스펙을 쌓고,
누군가는 대외 활동을 하고,
또 어떤 친구는 내신에만 집중하는데…
나는 어떤 길로 가야 할까?

너무 많은 선택지 앞에서
'내가 뭘 하고 싶은지도 모르겠고,
혹시 잘못 선택하면
모든 게 무너지는 건 아닐까…'

그런 두려움이
마음을 자꾸 흔들지.

그럴 때, 부처님은 이렇게 말씀하셨어.

"어둠 속에 길을 잃었을 때

> *등불 하나가 모든 방향을 밝혀주듯,*
> *혼란 속에서도*
> *바른 뜻 하나면 충분하다."* 《잡아함경》

모든 길을 다 갈 수는 없어.
하지만 너에게 맞는 길은 반드시 있어.

지금 혼란스러운 건
그만큼 너 자신에게 진지하게 묻고 있다는 증거야.

정보는 많고 기준은 복잡하지만,
그럴수록 밖의 소리보다
내 안의 목소리를 더 자주 들어보자.

정답을 찾기보다,
지금, 이 순간
할 수 있는 것부터 차근차근히 해보는 거야.

조금씩 방향을 잡아가다 보면
분명히 너만의 길이 열릴 거야.

부처님의 따뜻한 한마디

"길이 너무 많아 혼란스러울 땐
네 마음속 작은 등불을 먼저 켜보렴.
너의 뜻이 바르면,
어느 길도 너를 올바른 곳으로 이끌어 줄 거야.
나는 늘 너의 걸음을 조용히 응원하고 있단다."

4부
미래 앞에서 마주한 두려움

이 장은 미래와 세상 앞에서 청소년들이 느끼는 두려움과 불안을 다룹니다.
"나는 어떤 직업을 가져야 할까?"
"어른이 되는 건 왜 이렇게 두려울까?"
"세상은 왜 이렇게 불공평할까?"
이런 물음들은 청소년기의 마음을 쉽게 흔들리게 하고,
미래를 막막하게 느끼게 만들지요.
하지만 부처님은 이렇게 말씀하십니다.
"자신을 사랑할 줄 아는 이는, 세상에 등불을 밝히는 이다."
이 단원은 불확실한 내일 속에서도
자신의 길을 찾고, 두려움 속에서 작은 희망을 발견하도록 돕습니다.
지금 품은 불안과 고민은, 사실 더 단단한 내일을 준비하는 소중한 과정입니다.

32
앞날이 너무 불안하고 두려워요

"그래, 아직 오지 않은 내일이 왜 이렇게 무겁고 두려운지,
생각만 해도 가슴이 답답해질 때가 있지."

뉴스에서는 걱정스러운 이야기만 들려오고,
어른들은 점점 더 힘든 세상이 될 거라고 말하고,
앞으로 어떤 세상이 펼쳐질지 아무도 모르니까.
'나는 과연 잘 살아갈 수 있을까?'
그런 불안이 자꾸만 마음을 조여오지.

남들은 꿈이 있다고 말하지만
나는 아직 뭘 하고 싶은지도,
무엇을 선택해야 할지도 모르겠고
그 막막함 속에서
혼자 흔들리는 기분이 들 때.

괜찮아.
그런 마음, 누구나 한 번쯤은 품게 되는 거야.

그럴 때, 부처님은 이렇게 말씀하셨어.

"미래를 붙잡으려 하지 말고,
과거를 놓아버려라.
지금, 이 순간을 바르게 보고
지금, 이 마음을 다스릴지니,
그러면 내일은
스스로 밝아진다." 《상윳따 니까야》

불안은
아직 오지 않은 시간을
너무 깊이 들여다볼 때 생겨나.

하지만 내일은
오늘의 마음에서 자라나는 거야.

지금, 너의 마음을 다정히 보듬는다면
그 안에서 희망의 씨앗이 조용히 싹틀 거야.

무서워도 괜찮아.
불안해도 괜찮아.
그 감정을 억누르지 말고,
그저 이렇게 말해주자.

"지금 내가 많이 힘들구나."
"괜찮아, 이렇게 느끼는 것도 자연스러운 일이야."

그 한마디가
너를 다시

지금 이 자리로 데려다줄 거야.

 부처님의 따뜻한 한마디

"아직 오지 않은 미래를
너무 앞서 걱정하지 말아라.
너는 지금, 이 순간을
충분히 잘 살아가고 있단다.
그걸로 이미 괜찮아.
나는 너의 오늘을,
그리고 너의 내일을
따뜻하게 지켜보고 있을게."

33
어떤 직업을 선택해야 할지 정말 모르겠어요

"그래, 직업은 단지 돈을 버는 일이 아니라
앞으로의 삶 대부분을 함께할 선택이니까
더 깊이 고민되고, 쉽게 결정할 수 없지."

'좋아하는 일',
'잘할 수 있는 일',
'현실적인 일'.

이 셋이 꼭 같진 않으니
그 사이에서 마음은 자꾸 갈등하게 돼.

부모님의 기대,
주변 친구들의 진로,
점점 빨라지는 선택의 시간 속에서
문득 이렇게 말하고 싶어지지.

"나는 뭘 좋아하는지도 모르겠고,
어떻게 정해야 하는지도 막막해요."

그럴 때, 부처님은 이렇게 말씀하셨어.

> "바른 직업이란
> 나를 해치지 않고,
> 남을 해치지 않으며,
> 마음을 밝히고
> 세상에 이로움을 주는 일이다.
> 그런 길은 시간이 걸리더라도
> 반드시 빛을 본다." 《앙굿따라 니까야》

직업에는 정해진 정답이 없어.
지금 정확히 몰라도 괜찮아.

중요한 건,
어떤 삶을 살고 싶은지,
어떤 가치를 지키며 살고 싶은지를
조금씩 알아가는 거야.

세상이 정해놓은 기준보다,
너의 마음이 따뜻해지는 방향을 따르다 보면

작은 일도 귀하게 느껴지고,
너만의 길도
조용히 열리게 될 거야.

부처님의 따뜻한 한마디

"너의 손에 꼭 맞는 도구처럼
너에게 어울리는 길도
천천히, 자연스럽게 찾아지는 거란다.
서두르지 말고
너의 진심이 향하는 곳을 따라가렴.
나는 언제나
그 길의 가장자리에 조용히 함께 있을게."

34
제가 꿈꾸는 길을 부모님이 반대하세요

"그래, 마음을 다잡고 '이 길이 나답다'라고 느꼈는데,
가장 가까운 부모님이 그 길을 반대하실 때
속상하고, 억울하고, 마음이 참 복잡해지지."

'그건 너무 위험해.'
'먹고살기 힘들다.'
'그런 것으로는 성공 못 해.'

부모님은 걱정이 앞서서
내 진심을 듣기보다는, 그 길을 막으려고만 하실 때가 있어.

그럴수록 '내가 틀린 걸까?'
'그냥 부모님 말씀을 따르는 게 맞는 걸까?'
하는 생각에 마음은 점점 흔들리고,
자신감도 잃게 되지.

하지만 너의 선택이 가볍지 않았다는 걸
부처님은 분명히 알고 계셔.

그럴 때, 부처님은 이렇게 말씀하셨어.

> "부모를 공경하되, 길을 잃지 말고,
> 올바른 길을 따르되, 부모의 뜻을 헤아리라." 《증일아함경》

맞아.
부모님의 반대 속에는 사랑과 걱정이 숨어 있어.

그 사랑은 두려움이라는 옷을 입고,
'반대'라는 말로 나타나기도 해.

하지만 지금 너는
누군가의 기준이 아니라,
'너 자신'으로 살아가고 싶다는
처음의 용기를 낸 거야.

그건 정말 귀한 마음이야.
부처님은 반항하라고 하지 않으셔.
진심을 전하고, 지혜롭게 대화를 이어가라고 하셔.

부모님의 걱정을 이해하면서도,
왜 이 길을 택했는지, 어떤 마음으로 준비하고 있는지
차분히 이야기해 보자.

단번에 이해받지 못하더라도
그 대화를 통해 부모님은 너의 진심을
조금씩 알아가게 될 거야.

그리고, 네가 진심으로 그 길을 걸어가며

포기하지 않고 정진하는 모습을 보여준다면,
언젠가 그 반대는 믿음으로 바뀌게 될지도 몰라.

 부처님의 따뜻한 한마디

"사랑은 때로
반대의 모습으로 다가오기도 한단다.
하지만 너는
분명히 너만의 길을 찾을 수 있을 거야.
마음을 다치지 말고,
진심을 품은 채
천천히, 지혜롭게 걸어 나가렴.
나는 언제나
너의 진실한 걸음을
조용히 응원할게."

35
세상이 불공평하게만 보여요

"그래, 어떤 사람은 태어날 때부터 많은 걸 갖고 있는 것 같고,
누군가는 아무리 열심히 해도 제자리만 맴도는 것처럼 보일 때,
세상이 너무 불공평하다고 느껴질 수 있어."

정의롭지 않은 일들이 눈앞에서 벌어지고,
노력보다는 운이나 배경이 더 중요하게 여겨지는 세상 속에서

"이게 정말 공정한 걸까?"
"나는 아무리 해도 안 되는 운명을 타고난 걸까?"
하는 생각에 분노와 허무가 마음을 뒤덮을 때가 있지.

그럴 때, 부처님은 이렇게 말씀하셨어.

> "세상의 불균형은
> 업(業)의 흐름 속에서 생겨나,
> 분노로 이를 바꿀 수는 없다.
> 오직 지혜와 자비로
> 그 고리를 풀 때
> 새로운 세상이 열린다." 《중아함경》

맞아.
세상은 완전히 공평하지 않아.

하지만 그 속에서도
어떻게 살아갈지는 너의 선택이야.

불공정을 모른 척하지는 말되,
그 분노에 휩쓸려 너 자신을 잃지 말자.

작지만 정직한 마음,
조용하지만 단단한 길,
그걸 끝까지 지켜가는 사람이
결국 더 깊고 넓은 힘을 갖게 돼.

부처님도 말씀하셨어.
"세상은 괴로움으로 가득하다."
하지만 그 괴로움 속에서도
고요하고 바른 마음을 놓지 않은 이가
진짜 자유를 얻는다고 하셨어.

세상은 완벽하지 않지만,
너는 세상처럼 흔들리지 않아도 괜찮아.
너의 고요한 마음이 바로 그 자유의 시작이란다.

부처님의 따뜻한 한마디

"세상이 불공평하더라도
너의 마음까지
그렇게 만들 필요는 없단다.
작은 정의, 작은 자비, 작은 용기
그게 모여
세상을 바꾸는 씨앗이 된단다.
나는 지금도
네 안의 그 씨앗을 믿고 있어."

36
사회문제에 관심은 많은데, 말할 곳이 없어요

"그래, 세상에서 일어나는 일들이 가슴을 답답하게 만들고,
'나라도 뭔가 해야 하지 않을까?' 하는 마음이 생기는데,
막상 그 마음을 꺼내 놓을 곳이 없을 때
정말 외롭고 허탈해질 수 있어."

기후 위기, 차별, 전쟁, 빈부격차…
그런 문제들에 관심을 가지면
"넌 아직 어려."
"괜히 예민하게 굴지 마."
하는 말들이 돌아오기도 하지.

말을 꺼낼수록 더 고립되는 느낌이 들고,
'그냥 모른 척하고 살아야 하나…'
하는 생각이 들 때도 있어.

하지만 부처님은 이렇게 말씀하셨어.

"세상의 괴로움을 보고도
마음이 일지 않는 자는 무정한 자요,
괴로움 앞에 마음이 움직이는 이는
자비를 품은 자니라."

> 말하지 못하더라도
> 그 마음 하나로
> 이미 큰 공덕을 짓고 있는 것이다." 《우다나경》

네가 느끼는 불편함, 아픔, 분노는
이기적인 삶에 길들지 않았다는 증거야.

그 감정은 너를
더 따뜻하고 단단한 사람으로 만들어주고 있어.

지금은
그 마음을 크게 말할 곳이 없을지 몰라도,
작게라도 생각하고, 쓰고, 실천해 보는 것,
그 하나하나가 이미 세상을 바꾸는 시작이야.

누군가 듣지 않아도 괜찮아.
부처님은 말씀하셨어.
"그 마음 하나로도 이미 공덕이다."

부처님의 따뜻한 한마디

"너의 마음이
세상을 향해 아파하고 있다는 것만으로도
이미 너는
그 누구보다 귀한 길을 걷고 있단다.
작은 용기 하나하나가
불빛이 되어
너와 세상을 비출 거야.
나는 지금도
그 빛을 조용히 바라보고 있어."

37
기후 위기가 무서워요… 미래는 괜찮을까요?

"그래, 뉴스에 나오는 폭우와 가뭄, 산불, 바다의 온도 변화…
이런 걸 볼 때마다 '정말 우리가 괜찮을까?'
하는 생각이 들고, 미래가 점점 무섭게 느껴질 때가 있지."

지구는 아프고,
그 안에 사는 생명들은 점점 사라져가고.
그 한가운데 서 있는 우리는
너무 작고 무력한 존재처럼 느껴질 수도 있어.

"나는 아직 학생일 뿐인데…
내가 뭘 바꿀 수 있을까?"
그런 생각이 들면
혼자 괜히 죄책감이 생기고,
아무것도 할 수 없다는 막막함이 마음을 덮어오지.

그럴 때, 부처님은 이렇게 말씀하셨어.

> "작은 물방울이 모여
> 큰 물줄기를 이루듯,
> 작은 실천도 모이면
> 세상을 맑게 한다.

> 살아 있는 모든 것을
> 자비로 돌보는 이,
> 그는 이미 세상의 등불이니라." 《숫타니파타》

그래,
너는 혼자가 아니야.
지금도 이 지구를 위해
작은 행동을 멈추지 않는 사람들이 있어.

텀블러를 사용하는 일,
전기를 아끼는 일,
불편해도 비닐봉지를 거절하는 일,
그리고 무엇보다 지구를 걱정하는 그 마음 하나까지.

그 모든 것이
이미 세상을 바꾸는 움직임이야.

기후 위기는 무겁지만,
그 무거움을 감당하려는 너의 마음은
희망의 시작이란다.

너의 작은 손길 하나가
다른 이의 마음을 움직이고,
그 마음들이 이어질 때
분명히 더 나은 미래가 열릴 거야.

 **부처님의 따뜻한 한마디**

"지구를 걱정하는
너의 마음이
세상을 살리는 씨앗이란다.
무섭다고 눈을 돌리지 않고,
작은 실천을 이어가는 너의 모습이
이미 이 세상의 희망이야.
나는 지금도 그 조용한 용기를 지켜보고 있어."

38
저도 행복하게 살 수 있을까요?

"그래, 가끔은 이런 생각이 들 때가 있어.
'나는 괜찮은 사람일까?
앞으로 나도 행복하게 살 수 있을까?'
아무도 묻지 않았지만,
조용히 마음속에서 자꾸 떠오르는 질문이지.
누군가 그 물음에 진심으로 대답해 줬으면 하는 마음."

주변을 보면
밝게 웃는 사람,
무언가 이룬 것처럼 보이는 사람들뿐이야.
SNS엔 누군가는 멋진 여행을 다녀오고,
누군가는 상을 받고, 누군가는 새로운 일을 시작했다고 해.

그걸 바라보는 나는
괜히 작아지고, 한없이 느려지는 기분이 들어.
'나는 지금 행복에서 멀어지는 중 아닐까?'
그런 막막함이 마음에 내려앉지.

행복은 너무 멀리 있는 것 같고,
나는 왜 이렇게 부족할까 싶고…
내가 잘할 수 있는 것도,

나에게 어울리는 삶도 아직은 잘 모르겠어.
그럴 때 부처님은 이렇게 말씀하셨어.

"남과 비교하지 않고
지금의 나를 귀히 여기는 것,
그것이 진짜 복된 삶이니라.
마음이 고요하고,
삶이 정직하며,
해치지 않고 도우려는 마음을 지닌 자는
이미 행복을 짓고 있는 것이다." 《법구경》

행복은 남보다 앞서 있는 데 있지 않아.
어떤 성취를 이루었느냐보다
어떤 마음으로 살아가고 있느냐가 더 중요해.

지금 네가 지닌 다정한 마음,
정직하게 살아가려는 의지,
더 좋은 사람이 되고 싶은 그 마음.

그게 바로
행복을 향해 걷고 있다는 증거야.
지금은 불안하고, 아직은 미완성처럼 느껴져도 괜찮아.

그 불완전함 속에서도
너만의 길을 진심으로 걸어가다 보면,
어느 날, 그토록 바라던 행복이
조용히 네 어깨에 내려앉을 거야.

 **부처님의 따뜻한 한마디**

"너도, 물론 행복하게 살 수 있단다.
지금 네가 느끼는 슬픔과 고민.
그 안에서도 너는
소중한 씨앗을 가꾸고 있어.
나는 그 씨앗이
햇살 아래 피어나
너를 환히 비출 날을
고요히 기다리며 함께하고 있단다."

39
AI가 제 자리를 빼앗을까 걱정돼요

"그래, 요즘은 어디를 가도 'AI가 사람을 대신할 거야'
'이젠 기계가 더 똑똑하지' 이런 말들이 자꾸 들려오니까,
마음 한편이 괜히 불안해지지."

어떤 직업은 사라진다고 하고,
학교에서도 인공지능이 쓰이고,
뉴스에서는 AI가 사람보다 더 빨리
글을 쓰고, 그림을 그리고,
심지어 생각까지 한다는 말도 들려와.

'그럼 나는 어떤 걸 해야 하지?'
'기계보다 뒤처지는 사람이 되는 건 아닐까?'
그런 생각이 들 때면
지금 배우는 것들조차 쓸모없게 느껴질 수 있어.

혼란스럽고 두려운 건 너무나 자연스러운 일이야.

그럴 때 부처님은 이렇게 말씀하셨어.

"기계는 능하나, 마음이 없고,
마음은 느리나 뜻을 가진다."

"지혜 있는 이는
재주보다 방향을 따르며,
그 뜻이 바르면
도는 무너지지 않는다." 《증일아함경》

AI는 빠르고 효율적이야.
하지만 공감도, 진심도, 책임도 결코 가질 수 없어.

AI는 도구일 뿐,
그 도구를 어떻게 쓸지 결정하는 건
언제나 사람인 우리란다.

지금 너는
다정한 마음을 지니고,
함께 사는 세상을 고민하고,
누군가를 위해 손을 내밀 수 있는 존재야.

그건 아무리 뛰어난 기계도
흉내 낼 수 없는 일이야.

앞으로의 시대는 기계를 '이기는 사람'보다,
기계와 함께 나아가는 사람이 필요해.

기계는 연산하고, 너는 의미를 만들어.
기계는 모방하지만, 너는 새로운 길을 만든단다.

너는 단순한 기능을 넘어,

사람다운 삶을 살아가는 법을
조용히 배우는 중이야.

 부처님의 따뜻한 한마디

"기계가 빛나는 시대일수록
너의 마음은 더 귀해지느니라.
지혜와 자비를 함께 지닌 사람
그는 어떤 시대에도
흔하지 않는 보배란다.
나는 지금도,
그 보배의 길 위에 있는
너를 지켜보고 있단다."

40
성인이 되는 게 두렵기만 해요

"그래, 시간이 흐를수록 주변은 말하지.
'이제 어른이 될 준비를 해야 한다'라고.
'스스로 선택하고 책임질 줄 알아야 한다'라고."

그 말이 맞는 것 같기도 한데,
막상 '성인이 된다'는 건
어디서부터 어떻게 시작해야 하는지도 모르겠고
갑자기 모든 걸 혼자 해내야 할 것 같아
마음이 불안해지고 무거워지지.

'나는 아직도 서툰데 정말 어른이 될 수 있을까?'
그런 마음이 몰려올 때,
그 두려움은 아주 자연스러운 거야.

어떤 날은 기대되고,
어떤 날은 겁이 나고,
어떤 날은 그냥 멍한 마음만 남기도 하지.

그럴 때, 부처님은 이렇게 말씀하셨어.

"어른이 된다는 것은

많은 것을 가지는 것이 아니라
많은 것을 내려놓고
바르게 보는 힘을 기르는 것이다.
성숙이란
책임을 무겁게 짊어지는 것이 아니라
함께 짊어질 줄 아는 자비의 마음이다." 《중아함경》

성인이 된다는 건
완벽해지는 게 아니라,
자신을 더 잘 이해하고
다른 사람을 조금 더 헤아릴 수 있게 되는 과정이야.

조금씩, 천천히,
넘어지고 다시 일어서면서
그 길을 걸어가는 거지.

스스로 선택하고
마음을 살피고
때로는 용기 있게 말하고
때로는 조용히 기다리는 것.

그런 작은 모습들이 모여 진짜 '어른'이 되는 거야.
그러니까 지금 두렵다고 해서 너는 모자란 게 아니야.

오히려 그런 마음을 품고 있다는 것,
그게 바로 네가 이미 어른이 되는 길 위에 있다는 뜻이란다.

부처님의 따뜻한 한마디

"두려운 마음속에서도
성장을 멈추지 않는 너는
이미 한 발 더 깊이
어른의 길을 걷고 있단다.
서둘지 않아도 괜찮아.
나는 네가 네 걸음으로
천천히, 단단히 나아가길
늘 지켜보고 있을게."

41
어른들은 왜 이렇게 냉정할까요?

"그래, 가끔은 그런 생각이 들지.
'왜 어른들은 내 마음을 몰라줄까?'
'왜 저렇게 차갑게 말할까…
내 입장은 전혀 생각하지 않는 걸까?'"

내가 힘들다고 말했을 땐
"그건 다 지나갈 일이야."
"세상은 원래 그런 거야."
그렇게 가볍게 넘겨버리는 어른들.

조금이라도 공감해 주길 바랐는데,
되레 충고만 돌아오고,
가르치려 드는 말투에
속이 더 무너질 때가 있지.

'그럼 그냥 말하지 말 걸…'
'나만 유난인 걸까…'
말할 용기를 낸 내가
괜히 작아지는 순간들.

그럴 때, 부처님은 이렇게 말씀하셨어.

"마음이 굳은 이는
연못 위에 핀 연꽃을 보지 못하나,
마음이 맑은 이는
작은 풀잎에도 생명을 본다.
그러니 어리다고 말하지 말고,
늙었다고 단정하지 말라." 《법구경》

어른들도 사실은
세상을 버텨내느라
마음이 단단하게 굳어버린 걸지도 몰라.

지치고 상처받고,
자신의 감정조차 돌볼 틈 없이 살아온 사람들.
그래서 누군가의 마음을 들을 여유조차 없어진 건지도 몰라.

그렇다고 해서
너의 마음이 틀린 건 아니야.
너는 지금, 사람답게 살아가기 위해 마음을 나눈 거야.

모든 어른이 그런 건 아니야.
아직 만나지 않았을 뿐,
너의 이야기를 들어줄 줄 아는 어른도
세상 어딘가엔 분명 있어.

그리고 언젠가는
너 자신이 누군가의 마음을 알아주는
그런 어른이 될 수도 있을 거야.

부처님의 따뜻한 한마디

"세상의 말이 차갑더라도
너의 마음은 따뜻하게 지켜가렴.
누군가의 차가움이
너의 온기를 식히게 하지 말고,
너의 온기가 언젠가
그들에게도 스며들게 하렴.
나는 늘 너의 따뜻한 마음을
가장 귀하게 여기고 있어."

42
꿈을 꿔도, 다 헛된 것 같아 슬퍼요

"그래, 간절했던 꿈이 현실이라는 벽 앞에서 자꾸 흔들릴 때,
'어차피 안 되는 걸 바란 건 아닐까…'
'나는 괜히 헛된 기대만 하는 걸까…'
그런 생각이 스며들면 마음속이 자꾸 서늘해지고,
눈물이 이유 없이 흐를 때가 있지."

누군가는 이미 반짝이는 무대를 밟고 있고,
누군가는 말하는 대로 이뤄가는 것 같은데
나는 여전히,
같은 자리를 맴도는 느낌.

그러다 문득
'내가 꿨던 그 꿈들,
정말 의미가 있었던 걸까?'
그 질문이 마음을 무겁게 내리누르지.

그럴 때, 부처님은 이렇게 말씀하셨어.

"모든 씨앗은
뿌려진 순간 자라는 것이 아니라,
흙 속에서 조용히

때를 기다리는 것이다.
슬퍼하지 말고,
너의 진심을 지켜가라.
그 마음이
언젠가 꽃이 된다." 《법구경》

그래, 지금 슬픈 건
그 꿈이 진짜였기 때문이야.
장난처럼 꾼 꿈이라면
이렇게 슬프지도 않았을 거야.

그 꿈은 헛된 게 아니야.
보이지 않는 자리에서
너는 여전히 자라고 있어.

흙 속의 씨앗처럼,
지금은 조용한 기다림의 시간일 뿐이야.

지금 네가 흘린 눈물,
그 마음의 진심,
그 모든 순간이
언젠가는 틀림없이
너만의 꽃으로 피어날 거야.

부처님의 따뜻한 한마디

"꿈이 멀게 느껴지는 날엔
너의 마음을 더 조용히 안아주렴.
눈에 보이지 않아도
너는 이미 꽃 피우는 길 위에 있단다.
나는 너의 그 진심을,
누구보다 깊이 믿고 있어."

43
어떻게 해야 좋은 어른이 될까요?

"그래, '좋은 어른이 되자'라는 말은 많이 들었는데
막상 어떤 모습이 좋은 어른인지,
어떻게 살아야 하는 건지 누구도 제대로 알려주지 않아서
혼란스럽고 막막할 때가 있지."

어른이 된다는 건
단지 나이를 먹는 것도,
책임을 많이 지는 것도 아니야.

하지만 세상은 마치
성인이 되면 실수하지 않아야 하고,
모든 걸 스스로 해결할 수 있어야 한다는 듯
조용히 압박해 오지.

그럴수록
'나는 아직 많이 부족한데…'
'이런 내가 과연 좋은 어른이 될 수 있을까?'
마음은 조용히 작아지고, 불안은 자꾸 커지지.

그럴 때, 부처님은 이렇게 말씀하셨어.

"좋은 어른이란
자신을 다그치지 않고,
타인을 얕보지 않으며,
하루하루를 성실히 살아내는 이다.
완벽하지 않아도 괜찮다.
부드러운 마음으로
바른길을 걷는 자,
그는 이미 길 위에 있느니라." 《중아함경》

좋은 어른이 된다는 건
위대한 무언가를 해내는 사람이 아니라,
날마다 정직하게 살고,
사람의 마음에 조용히 귀 기울일 수 있는 사람이 되는 거야.

지금의 너처럼
'어떻게 살아야 좋을까'
'내가 좋은 어른이 될 수 있을까'
자신을 돌아보는 이라면
이미 그 길 위에 발을 디딘 거야.

부드러운 마음을 잃지 않고
함께 살아가는 법을 배우려는 걸음.
그게 바로
좋은 어른이 되는 첫걸음이란다.

너는 지금도
누군가에게 그런 따뜻한 어른이 되어가고 있어.

 **부처님의 따뜻한 한마디**

"좋은 어른이란
늘 옳은 이가 아니라,
늘 배우려는 마음을 지닌 이란다.
지금 너의 망설임 속에도
따뜻한 어른이 자라고 있어.
나는 그 씨앗이 피어나는 걸
고요히 지켜보고 있단다."

5부

감정과 몸, 내 마음의 신호

이 장은 현대 청소년이 겪는 몸과 마음의 신호들,
즉 중독, 불면, 식습관, 감정 조절, 정신 건강에 대한 현실적인 고민을 다루고 있어요.
스마트폰과 인터넷 중독, 불안과 우울, 자기혐오, 정신과 진료에 대한 두려움까지…
그 어떤 문제도 혼자만 겪는 게 아님을, 부처님의 지혜로 따뜻하게 전해줍니다.
부처님은 이렇게 말씀하셨어요.
"몸과 마음은 서로를 비추는 거울이다. 둘 다 다정하게 돌볼 때, 삶이 깨어난다."
이 단원은 청소년 독자가 자신의 몸과 마음이 보내는 신호를 이해하고,
그 속에서 회복과 치유의 길을 찾을 수 있도록 안내하는
작은 마음의 휴식처가 되어줍니다.

44
스마트폰을 내려놓기가 너무 힘들어요

"그래, 스마트폰을 손에 쥐고 있으면 심심하지도 않고,
세상과 연결된 느낌도 들어.
그런데 어느 순간 시간은 훌쩍 지나 있고,
머리는 무겁고, 마음은 더 허전해질 때가 있어."

자꾸만 손이 가고,
없으면 불안하고,
중요한 일보다 끊임없이 올라오는 소식들에 마음이 끌릴 때
자신도 조절되지 않는 그 감각은
어느새 혼란과 무서움으로 다가오지.

그럴 때 부처님은 이렇게 말씀하셨어.

> "감각의 즐거움은
> 처음엔 달지만
> 끝은 쓰고 고요하지 않다.
> 마음을 다스리는 이는
> 밖이 아니라
> 안에서 기쁨을 찾느니라." 《숫타니파타》

스마트폰은
세상과 나를 연결해 주는 고마운 도구이기도 하지만,
나의 시간과 감정을 조용히 삼켜버리는 덫이 되기도 해.

지금 그걸 느끼고 있다면,
이미 너는 첫걸음을 내디딘 거야.

이제 나와 작은 약속을 하나씩 만들어보자.

아침에 눈 뜨자마자, 스마트폰 대신 1분 동안 숨 고르기.
공부할 때는 스마트폰을 다른 방에 두기.
자기 전엔 전원을 끄고, 조용히 하루를 돌아보는 시간 갖기.

처음엔 어려울 거야.
하지만 하루하루 이어가다 보면,
스마트폰보다 더 깊고 진짜인
'내 안의 감정'과 마주하는 법을 배우게 될 거야.

스마트폰을 내려놓는다는 건
단지 무언가를 참는 일이 아니라,
나를 더 아끼고, 나와 더 가까워지는 연습이야.

부처님의 따뜻한 한마디

"마음이 자꾸 흔들릴 땐
잠시 눈을 감고 숨을 쉬렴.
너의 하루를 빛나게 할 시간은
작은 침묵 속에 숨어 있단다.
나는 언제나
그 고요한 자리에서
너를 기다리고 있어."

45
게임에 너무 깊이 빠져버린 것 같아요

"그래, 처음엔 단지 재미있어서 시작한 게임이었을 거야.
그런데 어느 순간, 시간이 훌쩍 지나가 있고,
해야 할 일은 쌓여 있고, 몸은 지치고,
마음은 더 공허해질 때가 있지."

게임 속 세상은 정해진 규정이 있고,
노력하면 바로 눈에 보이는 보상이 따라오고,
현실보다 훨씬 쉽게 '나는 의미 있는 존재야'라는 느낌을 줄 수도 있어.

그래서 더 끌리고, 더 오래 머물게 돼.
그러다 보면 현실은 점점 더 도망치고 싶은 공간이 되어버릴 수도 있지.

그럴 때, 부처님은 이렇게 말씀하셨어.

> "마음이 달아나는 곳을 가만히 바라보라.
> 그 끝에는 끝없는 욕심이 있고,
> 욕심을 내려놓는 자는 스스로를 되찾는다." 《숫타니파타》

나는 너에게 "게임을 그만하라"라고 말하고 싶지 않아.
그 대신 묻고 싶어.
혹시 너의 마음이 그 세계를 붙잡고 있던 건,

어떤 허전한 마음 때문이 아니었을까?

혹시…
현실이 너무 지치고, 비교 속에서 눌려 있고,
무력감이 마음속 깊이 자리하고 있었던 건 아닐까?

그렇다면 게임을 끊기보다 먼저 해야 할 일은
너 자신을 돌보는 일이야.

하루에 할 수 있는 게임 시간을 정해보기.
게임 말고도 마음이 쉴 수 있는 취미 하나 만들어보기.
이 고민을 솔직히 나눌 수 있는 사람을 만나보기.

이런 작고 조용한 실천들이
너를 조금씩 '현실 속의 나'에게로
다시 데려다줄 거야.

 **부처님의 따뜻한 한마디**

"현실이 아플수록
달콤한 환상이 손짓하지만,
너는 충분히
그 세계를 지나올 수 있는 지혜를 지니고 있단다.
나는 너의 마음이 다시 빛나는 그날을
기다리고 있을게."

46
스트레스받으면 폭식하거나 아무것도 못 먹어요

"그래, 마음이 힘들어질 때면 밥을 급하게 먹거나,
반대로 입맛이 뚝 떨어져 아무것도 먹고 싶지 않을 때도 있지."

기분은 가라앉고, 몸은 축 처져 있는데,
어딘가 채워야 할 것 같은 허전함에
과자 봉지를 계속 뜯게 되는 날이 있고,
또 어떤 날은 속이 텅 비어 무언가를 삼킬 힘조차 없는 날도 있어.

그럴 땐 스스로 감정 조절이 안 되는 것 같아
괜히 자책하게 되고,
몸과 마음이 함께 무너지는 기분이 들 수도 있지.

그런 순간, 부처님은 이렇게 말씀하셨어.

> "마음이 괴로우면
> 몸도 따라 흔들리나니,
> 괴로움을 알아차리고
> 그 괴로움에 다정히 머무는 자는
> 스스로를 다시 일으킨다." 《증일아함경》

너의 식욕은 단순한 '배고픔'이 아니라,

너의 감정이 보내는 신호야.

먹는 걸 멈출 수 없을 때,
아무것도 먹고 싶지 않을 때,
그건 네 마음이 "지금 나 좀 봐줘" 하고 말하고 있는 거야.

그러니 먼저 그 마음을 따뜻하게 안아주는 것,
그게 시작이야.

배가 고픈지, 아니면 마음이 허전한 건지 스스로 물어보기.
너무 배부르게 먹지 않기 위해, 한 끼를 천천히 음미하며 먹기.
속이 힘들 땐, 먹는 대신 누군가에게 내 마음을 털어놓아 보기.

이렇게 마음을 살피다 보면
몸도 조금씩, 그 마음을 따라올 거야.

 **부처님의 따뜻한 한마디**

"너의 몸은 너의 마음을 따라 움직인단다.
때로는 무너질 수도 있고, 흔들릴 수도 있어.
괜찮아.
그 흔들림 속에서도
너는 여전히 소중하고,
조용히 다시 일어설 힘을 지니고 있어."

47
운동할 시간이 없어요, 늘 바빠요

"그래, 하루 종일 수업 듣고, 학원 가고, 과제 하느라
잠깐 앉아 숨 돌릴 틈도 없이 시간이 훌쩍 흘러갈 때가 있지."

운동이 필요하다는 건 알지만,
하루를 되돌아보면
기억나는 건 책상 앞에 앉아 있던 순간뿐.
몸을 움직이는 일은 왠지 사치처럼 느껴지기도 해.

그건 네가 게을러서가 아니라,
정말 열심히 하루를 살아내고 있기 때문이야.

그럴 때 부처님은 이렇게 말씀하셨어.

"몸은 마음이 머무는 집이니,
그 집을 버려두면
마음도 함께 병들게 된다.
바쁜 중에도
숨을 쉬며 걷고, 움직일 때
삶은 다시 깨어난다." 《잡아함경》

몸을 돌보는 일은

공부보다도, 성적보다도 더 먼저 챙겨야 할 기본이야.

왜냐하면, 몸이 지치면
아무리 마음이 의욕을 내도 따라줄 수 없거든.

운동이라고 해서
꼭 헬스장에 가거나
길게 시간을 내야 하는 건 아니야.

아침에 가볍게 스트레칭 5분.
계단을 오르내리며 깊은 숨 한 번.
친구와 걸으며 이야기 나누기.

이런 사소해 보이는 움직임들도
몸과 마음을 다시 깨어나게 해주는
멋진 운동이 될 수 있어.

운동을 못 하는 건, 바빠서가 아니야.
바쁠수록 몸을 돌보는 시간이 더 간절한 거야.

몸이 움직이면 마음도 가벼워지고,
그 하루는 전보다 훨씬 단단해질 수 있어.

부처님의 따뜻한 한마디

"너의 몸은
너의 마음이 쉬어가는 집이란다.
하루 5분이라도
그 집을 따뜻하게 돌보아 주렴.
그 작은 움직임이
너의 하루를 다시 숨 쉬게 해줄 거야.
나는 그 걸음을 늘 응원하고 있어."

48
인터넷 속의 내가 신경 쓰여요

"그래, 요즘엔 인터넷 안에서의 '나'가
현실의 나보다 더 중요하게 느껴질 때가 있어."

댓글 하나에 하루 기분이 왔다 갔다 하고,
'좋아요' 수나 조회수에 마음이 들떴다가
어느 순간엔 한없이 가라앉기도 하지.

내가 올린 말이나 사진,
내가 한 행동이 어떻게 보일까 신경 쓰다 보면,
정작 진짜 나 자신은 점점 희미해지는 기분이 들기도 해.

그럴 때 부처님은 이렇게 말씀하셨어.

> "남이 나를 어떻게 보느냐보다
> 내가 나를 어떻게 돌보느냐가
> 바른길을 가는 첫걸음이다.
> 밖의 소문은 바람과 같고,
> 내 마음은 나만이 다스릴 수 있다." 《법구경》

인터넷 속의 '나'는
네 마음의 전부를 담을 수 없어.

때로는 전혀 다른 모습으로 비칠 수도 있어.

그건 잘못된 게 아니야.
우리는 모두
'보여지는 나'와 '느끼는 나' 사이에서
늘 고민하고 살아가는 존재니까.

하지만 그럴수록 중요한 건,
그중에서 어느 쪽이 진짜 너의 마음인지
자주 들여다보는 일이야.

스마트폰을 잠시 내려두고 나에게 물어봐.
"지금 나는 어떤 기분이지?"

'잘 보이기'보다 '진심을 담기'를 선택해 봐.
다른 사람의 칭찬이나 무관심에 휘청거리지 말고,
너 자신을 스스로 응원해 줘.

누군가가 '좋아요'를 누르지 않아도
너는 이미 충분히 소중한 사람이야.

좋은 사람은 '보여지기'보다
'진심으로 살아가기'를 택하는 사람이니까.

 **부처님의 따뜻한 한마디**

"세상이 너를 어떻게 말하든
나는 너의 마음이 어떤지를
더 귀하게 여기고 있단다.
진짜 너는,
인터넷 화면 밖에서
조용히 숨 쉬고 있는 지금 이 순간에 있어.
그 마음을 지켜주는 것.
그게 가장 소중한 수행이란다."

49
우울한데 털어놓을 데가 없어요

"그래, 마음이 답답하고 무거운데도
막상 누군가에게 말하려고 하면 목이 꽉 막히고,
'괜히 민폐 아닐까?', '이 말 해봤자 무슨 소용이 있나…'
하는 생각이 먼저 떠오를 때가 있지."

누군가 내 마음을 알아차릴까 봐
억지로 웃어봤지만,
정작 아무도 몰라줄 때,
그게 오히려 더 쓸쓸하게 느껴지기도 해.

그렇게 마음속 우울함은
조용히 한쪽 구석에 쌓이고,
어느 순간엔 세상에서 투명 인간이 된 것 같은 기분이 들기도 해.

그럴 때 부처님은 이렇게 말씀하셨어.

> "말하지 않아도
> 나는 그대의 마음을 안다.
> 외로운 이의 침묵 속에는
> 천 개의 말보다 깊은 진심이 있다.
> 그 마음을 다그치지 말고,

조용히 함께 걸어가라." 《증일아함경》

우울함은 나약해서 생기는 게 아니야.
그건 오히려 마음이 너무 오래 혼자였다는 증거고,
누구보다 잘 버텨내려고 애썼다는 흔적이기도 해.

지금은
말하지 못해 더 아픈 시간을 지나고 있는 거야.

그러니 제일 먼저 해야 할 일은
그 마음을 판단하지 말고,
그냥 조용히 받아주는 거야.

조금이라도 숨 쉴 틈이 생긴다면,
작은 틈이라도 생긴다면,
그 속으로 네 진심을
누군가에게 나눌 수 있기를 바라.

그리고 혹시 당장은 그런 사람이 없다면,
지금, 이 글이 그 첫 번째 대화가 되어줄 수 있어.

혼자서라도 마음을 돌보는 작은 연습을 해 봐.

노트에 "지금 내 마음은…"으로 시작해서 글로 써보기.
거울을 보며 "괜찮아, 너 참 잘 버텼어" 한 번만 말해보기.
혼자 있는 시간에 '내 편이 되어줄 사람'을 조용히 떠올려보기.
슬퍼지는 순간, 억지로 참지 말고 눈물 흘려보기.

우울함은 사라지기보다
이해받고 싶어 하는 감정이야.
그 마음을 무시하지 말고,
조금씩 내 안에서 따뜻하게 안아주자.

 부처님의 따뜻한 한마디

"네가 말하지 않아도
나는 너의 마음을 들을 수 있단다.
너의 침묵도, 너의 눈물도,
모두 소중하게 느껴진다.
혼자라고 느껴질지라도
나는 언제나
너와 함께 그 마음을 걷고 있어."

50
불안장애일까요? 걱정돼요

"그래, 평소엔 괜찮다가도 갑자기 숨이 턱 막히는 것 같고,
별일 아닌 일에도 가슴이 쿵쾅거리고,
불안이 밀려와서 아무것도 할 수 없을 때,
'혹시, 나 어디 아픈 걸까?', '불안장애일지도 몰라…'
그런 생각이 꼬리를 물며 더 무서워질 수 있어."

누군가는 "그냥 예민해서 그래" 하고
가볍게 넘기기도 하지만,
당사자인 너에게 그 순간은 너무 크고,
너무 낯설고, 너무 고통스러운 시간이야.

그럴 때 부처님은 이렇게 말씀하셨어.

> "마음은 물결 같고,
> 물결은 바람 따라 흔들러나
> 바람을 알아차린 자는
> 물결에 휩쓸리지 않는다.
> 불안을 다그치지 말고,
> 조용히 바라보며 숨 쉬어라." 《숫타니파타》

불안은 잘못된 게 아니야.

그건 오히려
네 안에 아주 예민하고 정직한 마음의 센서가 있다는 뜻이야.

지금 이 순간,
몸이 보내는 신호에 귀 기울일 줄 아는 것.
그것도 지혜의 시작이야.

그리고 기억해줘.
불안이 자주 찾아온다면,
혼자서 버티려고 하지 않아도 괜찮아.

믿을 수 있는 어른, 선생님, 상담 선생님에게
마음을 털어놓는 것.
그건 약한 게 아니라,
'내 마음을 아끼는 방법'을 배우는 용기야.

불안할 때 나를 돌보는 작은 연습을 한 번 해봐.

손을 가슴에 얹고, "괜찮아, 지금 이 마음을 알아줄게"라고 말해보기.
불안한 생각이 들면 종이에 써서 조용히 찢어버리기.
천천히 숨 쉬며 "지금 여기"를 마음속으로 되뇌기.
전문가에게 도움을 요청하는 것을 부끄러워하지 않기.

불안은 지나가는 감정이야.
그걸 억누르지 말고,
조금씩 바라보고, 다정히 안아주자.

부처님의 따뜻한 한마디

"불안은 지나가는 바람과 같단다.
그 바람이 거세게 불어도
너는 그 안에서 절대 무너지지 않아.
나는 언제나
너의 마음 곁에서
조용히 등을 토닥이며
함께 숨 쉬고 있을게."

51
내 몸이 못생겨 보일 때가 있어요

"그래, 거울을 볼 때마다 자꾸 다른 사람과 비교하게 될 때가 있어.
마음에 들지 않는 얼굴, 마르지도 않았고, 예쁘지도 않은 것 같아서.
그 몸이 괜히 부끄럽고 싫어질 때도 있지."

SNS 속 사람들은
항상 멋지고 자신감 있어 보이는데,
나는 사진 찍히는 것도 꺼려지고,
내 몸의 어느 한 부분이라도 숨기고만 싶을 때.
그 마음, 정말 속상하고 힘들 거야.

그럴 때 부처님은 이렇게 말씀하셨어.

> "몸은 덧없고,
> 늘 변하며,
> 참된 가치는 그 속에 머무는 마음에 있다.
> 자신을 헐뜯지 말고,
> 자비로 바라보라.
> 너는 이미 소중한 생명의 모양이다." 《법구경》

세상은 '예쁨'의 기준을
점점 더 좁고 일률적으로 만들어가지만,

부처님께서 바라보신 아름다움은
겉모양이 아니라, 마음에서 피어나는 향기였어.

너의 몸은 지금까지
수많은 감정과 긴장,
기쁨과 슬픔을 품으며
너를 지켜낸, 너의 소중한 집이야.

그 몸을 '못생겼다'라고 말하기엔
그 안에 담긴 생명과 이야기는
너무도 귀하고 소중해.

그리고 너는 그 삶을,
지금껏 참 잘 살아왔어.

내 몸을 미워하지 않기 위한 작은 연습을 한번 해봐.

아침에 거울을 보며 "고마워, 오늘도 살아줘서" 한마디 해보기.
몸의 단점보다 기능을 떠올리기.
("내 다리는 나를 하루 종일 걸어가게 해줬어")
SNS보다, 나를 진짜 웃게 하는 사람을 더 자주 바라보기.
마음이 힘든 날일수록,
몸에게 "미안해. 그리고 고마워."라고 말해주기.

몸은 너의 껍데기가 아니야.
그건 너의 삶이 담긴, 살아 있는 아름다운 집이야.

지금, 이 모습 그대로,
너는 이미 살아 있는 존엄이야.

 부처님의 따뜻한 한마디

"너의 몸은
누구와도 비교할 수 없는
소중한 하나의 꽃이란다.
그 모습이 무엇이든,
나는 네 마음속의 향기를 먼저 느끼고 있어.
그러니 제발
스스로에게 조금 더 다정하렴."

52
정신과에 가는 게 창피하고 무서워요

"그래, 몸이 아프면 병원에 가는 건 당연하게 느껴지는데,
마음이 아플 땐
'그 정도는 참아야 하지 않을까'
'정신과에 가면 이상하게 보일까…'
이런 걱정이 먼저 떠오를 때가 있어."

진짜 도움이 필요하다고 느끼면서도
주변의 시선이 무섭고,
'내가 병에 걸린 건 아닐까' 하는 두려움 때문에
정신과 문 앞에서 망설이다 그냥 돌아서게 되는 날도 있지.

그 마음은 정말 복잡해.
혼자서 버티느라 지친 마음이 보내는 작은 신호일지도 몰라.

그럴 때 부처님은 이렇게 말씀하셨어.

> "몸이 병들면 치료를 받고
> 마음이 괴로우면 다독임을 받는다.
> 괴로움을 알아차리는 이는
> 이미 치유의 길에 들어선 자녀,
> 자신을 돌보는 것은

결코 부끄러운 일이 아니니라." 《중일아함경》

정신과는 '이상한 사람'이 가는 곳이 아니야.
그건 마음이 다친 걸 알고,
그걸 치료받고 싶어 하는 사람이 조용히 문을 두드리는 곳이야.

그 문을 향해
한 걸음 내딛는 순간,
너는 이미 자신을 돌보는 어른의 마음을 내디딘 거야.

세상의 시선은
천천히 바뀌어 가겠지만,
너의 마음은 지금 당장 돌봐줘야 해.

그 누구도
너의 고통을 대신 느낄 수 없기에,
너의 고통을 가장 먼저 안아줘야 할 사람은
바로 너 자신이야.

무섭고 두려운 마음을 안고 있다면
자신을 돕는 연습을 한 번 해봐.

"정신과는 약한 사람이 아니라, 용기 있는 사람이 가는 곳이야."
"내가 아픈 걸 인정하는 건, 나를 진심으로 아끼는 거야."
"혼자 괜찮은 척하지 않아도 괜찮아."
"내가 내 마음을 챙기는 이 순간이, 이미 회복의 시작이야."

 **부처님의 따뜻한 한마디**

"몸이 아프면 병원에 가듯,
마음이 아플 때도
그 마음을 돌보는 길로 나아가렴.
그것은 부끄러움이 아니라
깊은 자비의 실천이란다.
나는 언제나,
네가 너의 마음을 다정히 바라보는 그 순간을
가장 소중하게 여기고 있어."

53
밤에 잠이 안 와서 너무 지쳐요

"그래, 하루 종일 힘들게 버텼는데
막상 눈을 감으려 하면 마음이 더 바빠지는 밤이 있지."

그날 있었던 일들이
자꾸 머릿속을 떠돌고,
'내일은 또 어떻게 버티지?'
'나는 왜 이렇게 못하고 있을까…'
하는 생각이 꼬리를 물면, 몸은 지쳐도 잠은 멀어져만 가.

그러다 보면
아침이 오는 게 두려워지고,
'잠을 못 잤으니, 내일도 망치겠지' 하는 불안이 덮쳐와.

그 마음은 말 못 할 고통이 되어
밤하늘에 혼자 떠 있는 별처럼 외롭게 느껴질 때도 있지.

그럴 때 부처님은 이렇게 말씀하셨어.

"생각이 잦아들면 마음이 고요해지고,
고요한 마음은 쉼을 스스로 허락하느니라.
잠은 억지로 오지 않으며,

받아들임 위에 내려앉는다." 《숫타니파타》

잠이 오지 않는다고 해서
네가 게으르거나 잘못한 건 아니야.

지금 너의 마음은
너무 많은 걸 혼자 감당해 오느라
쉬는 법을 잠시 잊어버렸을 뿐이야.

잠 못 드는 밤, 부드럽게 나를 감싸는 방법이야.

"지금 잠들지 않아도 괜찮아. 이대로 쉬어도 좋아."
하고 스스로에게 말해주기.
복잡한 생각이 떠오르면,
조용히 속으로 "내일 생각하자" 하고 넘겨보기.
마음속에 '고요한 연못'을 떠올리고, 천천히 숨쉬기.
잠드는 것이 목표가 아니라, 그저 '쉼' 자체가 목적임을 기억하기.

그리고 부처님은 말씀하셨어.
"고요한 밤은 자신을 듣는 시간이 되어야 한다"라고.

지금, 이 밤도
너의 삶을 위한 조용한 연습이란다.

 **부처님의 따뜻한 한마디**

"잠이 오지 않는 밤이
너를 실패로 이끄는 것이 아니란다.
지금 쉬지 못하는 그 마음조차
나는 귀하게 여기고 있어.
눈을 감고, 숨을 쉬며
그저 이 순간을 살아도 괜찮아.
나는 고요한 어둠 속에서도
늘 너의 곁에 머물고 있단다."

54
갑자기 숨이 막힐 것 같아요. 공황일까요?

"그래, 아무 일도 없었던 것 같은데 갑자기 가슴이 답답하고,
숨이 가빠오고, 몸이 얼어붙은 것처럼 멍해질 때가 있어.
'왜 이러지?', '혹시 나한테 무슨 일이라도 생긴 걸까?'
그 순간이 너무 무섭고,
자신을 통제할 수 없는 기분이 들기도 하지."

누가 보기엔 멀쩡해 보여도,
마음 안에서는 이미 커다란 파도가 일고 있는 거야.

그걸 어떻게 설명해야 할지도 모르겠고,
어디까지 참아야 할지도 몰라서
그저 혼자서 버텨왔을지도 몰라.

그럴 때 부처님은 이렇게 말씀하셨어.

> "바람이 일어도,
> 바람을 탓하지 말라.
> 그저 숨을 고르고,
> 뿌리를 깊이 내릴 뿐이다.
> 모든 공포는
> 지나가며 사라진다." 《숫타니파타》

지금 느끼는 이 불안한 증상은
네가 약해서 그런 게 아니야.

그건 오히려,
너의 마음이 너무 오래 혼자 아파하고 있었다는 신호야.

몸이 먼저 말해주는 거야.
"지금, 조금만 멈춰줘."
"지금, 나를 돌봐줘." 하고 말이야.

숨이 가빠질 때, 공황이 느껴질 때 해볼 수 있는 연습이야.

왼손을 배에 얹고, 천천히 5초에 한 번씩 숨 들이쉬고 내쉬기.
속으로 조용히 되뇌기:
"이건 곧 지나갈 거야. 지금 이 순간을 지켜보자."
가까운 물건 하나를 천천히 바라보기. (예: 손바닥, 옷 단추, 무늬 등)
증상이 반복된다면, 반드시 정신건강 전문가에게 도움 요청하기.

공황이 온다는 건
너의 삶이 약해졌다는 뜻이 아니야.

그건 오히려,
'이제는 더 이상 혼자 감당하지 않아도 돼'
라는 마음의 외침이야.

부처님의 따뜻한 한마디

"마음이 흔들릴 때
몸도 함께 괴로워할 수 있단다.
그럴수록 자신을 탓하지 말고
조용히 안아주렴.
나는 언제나
너의 불안한 숨결 곁에서
고요하게 함께 숨 쉬고 있어."

55
너무 예민해서 일상이 힘들어요

"그래, 다른 사람들은 그냥 넘기는 말도 나는 마음에 오래 남고,
작은 소리에도 깜짝 놀라고, 사람들 사이에 있으면
혼자서 금세 지쳐버릴 때가 있어."

'왜 나는 이렇게 신경을 많이 쓸까?'
'왜 나는 남들보다 더 빨리 지칠까?'

그렇게 자신을 자꾸 탓하다 보면,
예민한 마음은 점점 더 좁혀오고,
평범한 하루조차 버거워질 수 있어.

그럴 때 부처님은 이렇게 말씀하셨어.

"예민함은
연꽃잎에 맺힌 이슬처럼 맑고,
그 맑은 마음은
세상의 고통을 먼저 알아차린다.
그러니 스스로를 탓하지 말고,
자비로 감싸 안아라." 《화엄경》

너는 지금

세상의 소리를 더 깊이 듣고,
사람들의 감정을 더 먼저 느끼고 있어.

그건 절대 잘못된 게 아니야.
오히려 그 마음은
다른 사람들이 쉽게 지나치는 고통과 신호를
더 빠르게 알아채는 '감각의 선물'이야.

하지만 그 예민함을
혼자서 다 짊어지고 있으려면,
마음은 쉽게 지치게 되지.

그래서 부처님은 말씀하셨어.
그 섬세한 마음을 다정하게 다루는 법을 배워야 한다고.

예민함을 받아들이고 지혜로 바꾸는 작은 연습을 해봐.

"이렇게 느끼는 나는 이상하지 않아."라고 속으로 말해보기.
혼잡하고 시끄러운 환경을 피할 수 있는 시간 정해두기.
하루 한 번, '나를 편안하게 해주는 공간'에 조용히 머물기.
내가 예민한 부분을 이해해 주는 사람과 천천히 마음 나누기.

예민하다는 건
감정이 깊고, 마음이 섬세하다는 뜻이야.

그 마음은 상처도 잘 받지만,
누군가를 보듬는 자비도 더 크게 피어날 수 있어.

부처님의 따뜻한 한마디

"예민한 너의 마음은
다른 이들이 놓치는 것들을
먼저 느끼는 귀한 향기란다.
그 마음이 지치지 않도록,
자신을 부드럽게 안아주렴.
나는 언제나
그 고요하고 투명한 너의 마음 곁에
함께 머물고 있어."

56
부모님이 걱정하실까 봐 아픈 것도 숨겨요

"그래, 부모님이 지치지 않으시길 바라는 마음에
속이 아파도 그저 '괜찮아요' 하고 웃을 때가 있어.
힘든 날에도 내색하지 않고, 마음 아픈 티조차 내지 않게 되지."

'내가 아프다고 말하면
부모님이 더 속상해하실까 봐.'
'나 때문에 더 힘들어지실까 봐.'
그런 마음에 자꾸만 나를 숨기고, 참는 법만 익혀가게 되지.

그러다 보면 어느 순간,
내가 진짜 어떤 감정인지조차 헷갈리고,
내 아픔을 나조차도 모르게 될 때가 있어.

그럴 때 부처님은 이렇게 말씀하셨어.

> "자비는 남에게만 베푸는 것이 아니라,
> 자기 자신에게도 건네야 한다.
> 자신을 돌보지 않는 자는,
> 그 누구도 온전히 돌볼 수 없다." 《중아함경》

부모님을 걱정하는 너의 마음은

정말 따뜻하고, 귀한 마음이야.

하지만 그 따뜻한 마음이
너 자신을 돌보지 못하게 만든다면,
그건 부모님도 원하지 않으실 거야.

진짜 걱정은
너의 아픔을 모르는 상태에서 생겨나는 거야.

말하지 않으면,
그 누구도 너를 제대로 도와줄 수 없어.

마음이 아프지만 걱정된다면, 이렇게 시작해 봐.

"부모님, 너무 걱정하지 마세요. 그냥 들어주시면 돼요."
"요즘 조금 마음이 힘든데, 괜찮은 척하느라 더 지쳤어요."
"제가 괜찮아지기 위해서 이야기하고 싶었어요."

도움을 요청하는 건 짐이 아니라, 연결이야.
너는 지금도
누군가를 걱정할 만큼 따뜻한 사람이야.

그러니 그 마음을
조금만 너 자신에게도 나눠줘.

부처님은 말씀하셨어.
내 마음을 먼저 살피는 것이

진짜 수행의 시작이라고.

 **부처님의 따뜻한 한마디**

"너의 아픔을 감추는 그 마음도
사랑의 또 다른 이름이란다.
그러나 그 사랑이
너 자신을 잃게 해서는 안 돼.
진짜 자비는
자기 마음도 함께 껴안는 것이니,
나는 지금,
너의 진심과 아픔을
고요히 함께 안고 있어."

6부
신념과 삶의 의미

이 장은 청소년이 삶을 살아가며 마주하는 깊은 물음들,
죄책감, 신념의 흔들림, 그리고 삶의 의미에 대한 질문을 다룹니다.
"착하게 살아야 할까?"
"종교는 약한 사람들의 것일까?"
"내 삶에도 의미가 있을까?"
이런 물음 속에서 부처님은 단호하면서도 다정하게 응답하십니다.
"의미는 멀리 있는 것이 아니라, 지금 나의 물음 속에 있다."
이 단원은 혼란과 흔들림 속에서도 끝내 따뜻함과 바름을 향해 나아가려는
여러분 마음을 '수행의 시작'으로 존중하고 위로합니다.
그리고 60번째 글은, 이 모든 여정의 끝에서 다시 묻습니다.
"부처님, 제 삶에도 의미가 있을까요?"
그 물음에 대한 응답은 독자 한 사람 한 사람의 존재 자체이며,
이 마지막 장은 조용히 마음을 열어주는 깨달음의 길이 됩니다.

57
혼자만 간직한 죄책감이 있어요

"그래, 누구에게도 말하지 못한 일이 하나쯤은 마음속에 남아 있지.
시간이 꽤 지났는데도 그 일이 아직도 생생하게 떠오르고,
잊으려 해도 혼자만 알고 있다는 사실이 더 무겁게 다가올 때가 있어."

누군가에게 털어놓자니
상처를 줄까 봐 무섭고,
그냥 묻어두자니 자신을 용서하지 못할 것 같아
그 장면을 자꾸 되새기게 되지.

그럴 때 부처님은 이렇게 말씀하셨어.

"죄를 짓는 것은
어리석기 때문이지만,
죄를 자각하고 괴로워하는 것은
이미 마음이 깨어난 증거니라.
어두운 밤이 지나야 새벽이 오듯,
괴로움을 뚫고 나오는 이는
자신을 밝히는 자니라." 《잡아함경》

너의 죄책감은
너의 마음이 아직 무뎌지지 않았다는 증거야.

자신을 되돌아볼 수 있는 사람만이
그 괴로움을 느낄 수 있어.

그래서 부처님은
죄책감에만 머무르기보다,
그 마음을 자비로 전환하라고 하셨어.

이제 혼자만의 죄책감을 돌보는 작은 연습을 한번 해보자.

"그때의 나는 몰랐지만,
지금의 나는 다르게 느끼고 있어."라고 말해보기.
마음속으로 그 사람에게 용서를 구하고,
나 자신에게도 조용히 "괜찮아"라고 말해보기.
지금의 삶에서 더 따뜻한 마음을 실천하며 속죄의 길을 걸어가기.
정말 힘들다면, 믿을 수 있는 어른이나 상담자에게
마음의 무게를 나눠보기.

죄책감은
더 나은 사람이 되고 싶다는 다짐의 그림자야.

그림자에 머무르지 말고,
이제 그 다짐을 빛으로 바꿔보자.

 **부처님의 따뜻한 한마디**

"너의 괴로움은
네가 깊이 느끼고 있다는 증거란다.
그 죄책감을 안은 채
너는 여전히 사람으로서 자라고 있어.
나는 너의 그 조용한 참회를
깊이 이해하며,
다정히 품고 있어."

58
종교를 믿어보고 싶은데, 사람들이 뭐라고 할까 봐요.

"그래, 마음이 복잡하고 힘든 날,
절에 가보고 싶고, 기도도 한번 해보고 싶은데
주변 사람들의 시선이 신경 쓰여서 괜히 머뭇거리게 될 때가 있어."

'요즘 시대에 무슨 종교야.'
'그런 건 약한 사람들이 믿는 거 아니야?'
'혹시 이상하게 보일까?'
이런 말들이 머릿속을 스치면,
내 마음의 진심보다 사람들의 말이 더 크게 들릴 때가 있지.

그럴 때 부처님은 이렇게 말씀하셨어.

> "믿음은
> 누구에게 보이기 위한 것이 아니라,
> 마음을 바르게 세우는 뿌리니라.
> 남의 시선이 흔들릴지라도
> 마음이 고요하면
> 이미 길 위에 있느니라." 《숫타니파타》

무언가를 믿고 싶다는 건,
마음속에 어떤 깊은 물음이 생겼기 때문이야.

삶의 방향, 존재 이유, 고통의 의미…
그런 걸 묻고 싶어지는 순간.

그건 단지 '약함'이 아니라,
삶을 진지하게 마주하는 성숙한 마음의 시작이야.

너의 신념은
누가 알아봐 주지 않아도 괜찮아.

믿고 싶다는 그 마음 자체가
너의 영혼이 깨어 있다는 증거야.

너의 신념을 시작하려는 마음을 위한 다짐을 한번 해봐.

"믿음은 내가 나를 향해 걷는 길이야."
"누군가에게 보여주기 위한 게 아니라, 나를 지키는 힘이야."
"조용히, 천천히 알아가며 나만의 방식을 만들어가자."
"부끄러워할 필요 없는, 내 안의 빛이야."

세상은 늘 말이 많고,
믿음을 가볍게 여기는 사람도 있지만,
진심으로 묻고, 조용히 듣고 싶은 사람은
언젠가 고요한 길 위에서
부처님과 만나게 될 거야.

 **부처님의 따뜻한 한마디**

"믿고 싶다는 그 마음은
너의 영혼이 자라나고 있다는 신호란다.
그 마음이 어디에서 피어나든
나는 다정하게 그 곁을 함께 걸을 거야.
너의 진심은,
누가 뭐라 해도
이미 아름다운 시작이니라."

59
내가 겪는 고통에는 어떤 의미가 있을까요?

"그래, 정말 힘든 일이 계속되고 마음이 지쳐갈 때
문득 이런 생각이 들지. '왜 나에게 이런 고통이 오는 걸까?'
'이 아픔이 그냥 의미 없는 거라면,
나는 도대체 뭘 위해 견디는 걸까…'"

아무런 이유도 없이
삶이 아프기만 한 것 같을 때,
그 고통은 더 깊고, 더 쓸쓸하게 느껴지지.

그럴 때 부처님은 이렇게 말씀하셨어.

> "고통은 깨달음의 문 앞에 놓인
> 가장 진실한 선생이다.
> 괴로움이 없다면
> 마음도 깨어나지 않느니라." 《잡아함경》

부처님도 고통에서 출발하셨어.
태어남, 늙음, 병듦, 죽음.
삶의 네 가지 고통을 깊이 마주하고
그 안에서 길을 찾고자 출가하신 거야.

그러니 너의 고통도
쓸모없는 시간이 아니야.

지금은 힘들고, 이해되지 않더라도
그 고통을 '묻는 마음'으로 바꾸는 순간,
그건 너의 인생에 방향을 만들어주는
아주 깊은 전환점이 될 수 있어.

고통을 견디는 너에게 이런 말을 전해주고 싶어.

"지금의 너는 단지 버티는 게 아니라, 의미를 찾아가고 있어."
"이 고통도 언젠가는 지나갈 거야. 너는 그 끝을 향해 걷고 있어."
"지금은 이해하지 못해도 괜찮아. 언젠가 알게 될 테니까."
"아픈 날일수록, 너는 너 자신을 더 깊이 이해하고 있어."

고통은 마음을 무너뜨리기도 하지만,
그 안에서 다시 나를 세우기도 해.

조금만 더 걸어보자.

지금 네가 겪는 이 시간이
언젠가 누군가의 아픔을 따뜻하게 감싸줄 힘이 될 거야.

부처님의 따뜻한 한마디

"고통은 너의 잘못이 아니란다.
그건 네 마음이
더 단단해지고, 더 깊어지고,
더 자비로워질 수 있는
삶의 한 과정이란다.
나는 언제나
그 묵묵한 걸음 옆에서
너를 응원하고 있어."

60
부처님, 제 삶에도 의미가 있을까요?

먼저, 이 책을
끝까지 함께해 준 너에게
마음 깊이 고맙다는 말을 전하고 싶어.

어쩌면 이 여정은
너 자신에게 던진
수많은 질문에서 시작되었을 거야.

그 물음 하나하나에 귀 기울이며,
부처님의 가르침 속에서
너는 조용히 자신의 마음을 비쳐 왔지.

그리고 이제,
가장 깊은 질문 하나가 남았어.

"부처님,
제 삶에도
정말 의미가 있을까요?"

그럴 때 부처님은 조용히 미소 지으시며 이렇게 말씀하셨단다.

"의미는
멀리 있는 것이 아니라
지금 너의 숨결 속에 있다.
살아 있다는 것,
고통을 견디며 길을 묻는다는 것,
그 자체가
너의 삶을 밝혀주는 등불이니라." 《법구경》

삶은 누군가에게 박수를 받거나
눈부신 성공을 이룰 때만 의미가 생기는 게 아니야.
괴로워도, 흔들려도,
자신의 마음을 돌아보며
조금이라도 따뜻한 사람이 되고 싶다고 생각하는 그 순간부터
너의 삶은 이미 깊은 의미를 품고 있어.

너의 존재는 그 자체로 소중해.
누군가에게는
너의 한마디 위로, 짧은 웃음, 조용히 건넨 눈빛 하나가
하루를 버티게 해주는 힘이 되기도 하니까.

삶의 의미를 묻는 너에게 마지막으로 들려주고 싶은 말이야.
한번 마음속으로 조용히 따라 해봐.

"나는 누구에게 보여주기 위해서가 아니라, 내 마음을 살기 위해 살아간다."
"작은 하루를 진심으로 살아낸다면, 그 하루는 이미 충분하다."
"삶의 의미는 멀리 있는 게 아니라, 내가 만들어가는 여정 속에 있다."

"부처님은 언제나, 나의 질문을 기다리고 계신다."

 부처님의 따뜻한 한마디

"너의 삶은 아직 쓰여가는 중이란다.
지금까지 걸어온 그 마음의 길.
그 자체가 수행이고,
그 길 위에서 네가 흘린 눈물과 웃음은
모두 의미가 있단다.
나는 언제나 그 길을 함께 걷고 있어.
그러니, 부디 잊지 말렴.
네 삶은 이미
부처님의 세계 안에서
가장 아름다운 꽃으로
조용히 피어나고 있단다."

에필로그

당신의 마음이 걸어온 길 끝에서

이 책은 완성된 답을 주기 위한 것이 아니라,
당신의 질문과 함께 조용히 걷기 위한 여정이었어요.
어쩌면 당신은 여전히 흔들리고 있을지 몰라요.
때로는 아프고, 때로는 외롭고,
때로는 '잘 걷고 있는 걸까' 의심스러울 수도 있겠지요.
하지만 부처님은 말씀하셨어요.
"길을 묻는 그 마음 자체가
이미 길 위에 선 자다."
이 책의 한 문장이라도
당신의 마음에 작은 등불 하나 되어주었다면,
그걸로 충분해요.
지금의 당신은,
이미 '좋은 삶'을 향해
충분히 잘 걷고 있어요.
그리고 나는,
그 길 위의 당신을
진심으로 응원하고 있어요.
고맙습니다.
당신의 마음을 읽어주셔서.

- 이 책을 쓴 사람으로부터

 **박영동** (朴泳棟)

동국대학교 불교대학 불교학과, 한양대학교 교육대학원 상담심리학과를 졸업하고, 1급 청소년지도사와 윤리·상담·종교 교사 자격 취득 후, 공군 군종법사와 종립학교 교법사, 동국학원 수석법사, 전국교법사단장을 역임하였다.

불교성전편찬위원회 기획위원으로 불교 교육 콘텐츠의 확장에 기여하고, 파라미타 청소년 문화연구소 소장으로 청소년 포교의 방향을 모색했다.

대한불교조계종 총무원장과 교육원장상, 서울특별시교육감상, 문화관광부장관상, 교육부장관상과 녹조근정훈장, 제10회 홍법대상, 제2회 라야 어린이·청소년 포교대상, 제12회 불교포교대상 공로상 등을 수상하였다.

저서로는 『청소년 통일법요집』, 『청소년 불교입문』, 『불교 내비게이션』, 『불교의 이해와 신행』, 『포교 이해론』, 『중·고등학교 종교(불교)』, 『생활과 철학 교과서』, 『대자유인 선사』 외 다수의 저술과 공저가 있으며, 현재 사단법인 파라미타 청소년협회 중앙위원으로 활동하고 있다.

2025년 11월 25일 인쇄
2025년 12월 04일 발행

지은이   박영동
발행인   이주현
발행처   도서출판 배주음

등 록   2002. 3. 15 제-3500호
주 소   서울 중구 필동로1길 14-6 리엔리하우스 203호
전 화   02-2279-2343
팩 스   02-2279-2406
E-mail   haejoum@naver.com

ISBN 979-11-91515-28-2 43220

값 13,000원